11人の指導者が実践する
最強のトレーニング

本当に役立つ！
サックス練習法 74

著　上野耕平・織田浩司・雲井雅人・高橋弥歩・
　　田中靖人・中村均一・中村有里・彦坂眞一郎・
　　ひび則彦・福井健太・宮崎隆睦（五十音順）

Rittor Music
http://www.rittor-music.co.jp/

本当に役立つ! サックス練習法74
11人の指導者が実践する最強のトレーニング

Contents

第1章 基礎力アップ編
- 01. 安定した構え方を身につける方法 ……………………… 16
- 02. 最適なマウスピースのくわえ位置を知る方法 ……… 18
- 03. 正しいアンブシュアを作る方法 ………………………… 20
- 04. 自然な吹き方を作るためのセッティングを見つける方法 …… 22
- 05. 良いブレスを身につける方法 …………………………… 23
- 06. 基礎練習を整理する方法 ………………………………… 24
- 07. ロングトーンを効果的に行う方法 ……………………… 26
- 08. 理想的なタンギングを身につける方法 ………………… 27
- 09. ジャズやポップスに対応したタンギングを習得する方法 … 30　CDtr.1〜3
- 10. タンギングの速度を上げる方法 ………………………… 32　CDtr.4
- 11. 日本語の発音で音楽のニュアンスを理解する方法 …… 33
- 12. サックスの仕組みを練習に活かす方法 ………………… 36
- 13. 全音域で充実した音色を作る方法 ……………………… 38　CDtr.5〜6
- 14. サックスの演奏に必要な体の使い方を理解する方法 … 40
- 15. 息から音への変換効率を上げる方法 …………………… 42　CDtr.7
- 16. 安定した音程を作る方法 ………………………………… 44　CDtr.8〜10
- 17. 音感を良くする方法 ……………………………………… 46
- 18. 喉をリラックスさせる方法 ……………………………… 47
- 19. スムーズな楽器の鳴らし方を習得する方法 …………… 48
- 20. 低音域を安定して出す方法 ……………………………… 50
- 21. 狙った音域で音を出す方法 ……………………………… 52
- 22. 適切な舌の位置や形を理解する方法 …………………… 54
- 23. 下唇を強く噛まずにリードを自然に鳴らす方法 ……… 55
- 24. 客観視で練習の効率を上げる方法 ……………………… 56
- 25. 練習の効率を上げる方法 ………………………………… 57
- 26. 基本的な奏法をセルフチェックする方法 ……………… 58
- 27. 親指の痛みや手の力みを取り除く方法 ………………… 60
- 28. アンブシュアを鍛える方法 ……………………………… 62
- 29. 多様な指導に対応する方法 ……………………………… 64

第2章 テクニック強化編
- 30. ダブル・タンギングを習得する方法 …………………… 68　CDtr.11〜12
- 31. サブトーンを習得する方法 ……………………………… 70　CDtr.13〜15
- 32. ハーフ・タンギングを習得する方法 …………………… 72　CDtr.16〜17
- 33. ゴースト・ノートを習得する方法 ……………………… 74　CDtr.18
- 34. 綺麗なビブラートを作る方法 …………………………… 76

35. フィンガリングを良くする方法 ･････････････････････････････ 77
36. 効果的に運指を速くする方法 ･････････････････････････････ 80
37. 複雑な運指を効率化する方法 ･････････････････････････････ 82
38. レガート・タンギングをスムーズに演奏する方法 ･････････ 84
39. 難しいフレーズを効果的に練習する方法 ･････････････････ 85　CDtr.19〜23
40. 薬指の動きをよくする方法 ･･･････････････････････････････ 88
41. 小指のキィをスムーズに操作する方法 ･･･････････････････ 90
42. レガートでの音の跳躍をスムーズにする方法 ･････････････ 92
43. 替え指を使って音色を揃える方法 ･･･････････････････････ 94　CDtr.24〜25
44. 完全音程にピッチを合わせる方法 ･･･････････････････････ 96
45. グロウルを習得する方法 ･････････････････････････････････ 98
46. ファストーンを習得する方法 ･･･････････････････････････ 99　CDtr.26

第3章 ステップアップ編

47. ハネるジャズ・フィールを習得する方法 ･････････････････ 102
48. ジャズやポップスのニュアンスを整理する方法 ････････････ 104
49. 音楽的なビブラートを作る方法 ･････････････････････････ 106
50. 後押しの癖を取り除く方法 ･･････････････････････････････ 107
51. アンブシュアと息圧で音色を変化させる方法 ･････････････ 108　CDtr.27
52. 豊かな響きの音を作る方法 ･･････････････････････････････ 110
53. 音質を変えないクレッシェンドを身につける方法 ･･･････ 112
54. 編成に合わせて演奏を変える方法 ･･･････････････････････ 114
55. クラシックとジャズ／ポップスの違いを出す方法 ･･･････ 116
56. 演奏の中でサックスの役割を感じ取る方法 ･･･････････････ 118
57. 吹奏楽でアドリブをカッコよく演奏する方法 ･････････････ 119
58. クラシックからジャズ向きのアンブシュアに変える方法 ･･ 120
59. フラジオ音域に慣れる方法 ･･････････････････････････････ 122
60. フラジオ音域で発音の確率を上げる方法 ･････････････････ 124
61. フラジオ音域の出し方を体に馴染ませる方法 ･････････････ 126
62. 効果的なウォームアップをする方法 ･････････････････････ 127　CDtr.28
63. さまざまな音色を認識する方法 ･････････････････････････ 128
64. 自分に合ったマウスピースを選ぶ方法 ･･･････････････････ 129
65. マウスピースの切り替えをスムーズにする方法 ･･････････ 130
66. 外形にとらわれないアンブシュアを作る方法 ･････････････ 131
67. アンブシュアの自由度を高める方法 ･････････････････････ 132
68. アンブシュアのタブーを見直す方法 ･････････････････････ 133
69. ダブル・リップ奏法で力みを取り除く方法 ･･･････････････ 134
70. サックスの吹き方をとらえ直す方法 ･････････････････････ 136
71. ハーフ・タンギングを基本奏法に取り入れる方法 ･･･････ 137
72. ソプラノ・サックスへの持ち替えをスムーズにする方法 ･･ 138
73. バリトン・サックスへの持ち替えをスムーズにする方法 ･･ 140
74. サックスの操作範囲を広げる方法 ･･･････････････････････ 142　CDtr.29

本書の特徴

①現役指導者11人による、オリジナル・メソッド紹介

本書を作成するにあたり、まずは11人もの現役指導者へインタビューを敢行。サックス学習者なら誰もが知りたいと願うサックスの練習法を、まるでレッスンを受けるかのように丁寧に伝授してもらい、1冊にまとめました。

②自分に合った方法が見つかる

同じような内容の悩みに対して、複数の指導者からそれぞれに違う方法を紹介してもらいました。そのため、紹介したメソッドの中から自分に合うものを選んで実践することができます。向き不向きや難易度、好き嫌いの観点からも選ぶことができるでしょう。また、いろいろな方法を使ってバリエーション豊富に練習したり、あなたが指導者側であればその指導に役立てたりできます。

③取り組みやすさ重視で厳選

どんな人にも試して実感してもらえるように、手軽に実践可能なメソッドだけを厳選しました。ちょっと考え方を変えるだけで、それまでの苦痛な練習がウソのようにラクになることもあるでしょう。読むだけで納得できたり、サックスを持たずに実践できる内容も収録しているので、移動中にも活用できます。

④練習法バイブルの決定版

本書へメソッドを提供しているのは、現役指導者&演奏家。指導者として活動するまでの、純粋な学習者であった期間も含めた、さまざまな経験から生み出されたメソッドです。そのため、サックス学習者はもちろん、生徒の指導に悩んでいる指導者にも嬉しいヒントがいっぱい詰まっています。

⑤練習の参考になる演奏音源を収録

本書付属のCDには、一部の譜例の参考として模範演奏を収録しております。演奏は著者を代表して高橋弥歩さんに担当していただきました。各メソッドの提供者本人による演奏ではありませんが、メソッドの意図を再現するべく録音しています。

⑥高音質で使いやすい収録音源

付属CDの演奏は高音質マイクで収録しています。リードの振動音がやや多く聴こえるかもしれませんが、間近で聴こえるようなリアルな音を再現するために、マイクを楽器の近くにセッティングした結果です。また、各音源の演奏後には数秒の無音時間を設けています。両手を使うサックスでも繰り返し頭出しができるよう、また参考演奏に続いて練習できるように配慮したものです。

※各メソッドは、それぞれの指導者が推奨する方法ではありますが、必ずしもそれだけが全てではありません。皆さんに合った方法を探して試してみて下さい。

> サックスの各部位の名前

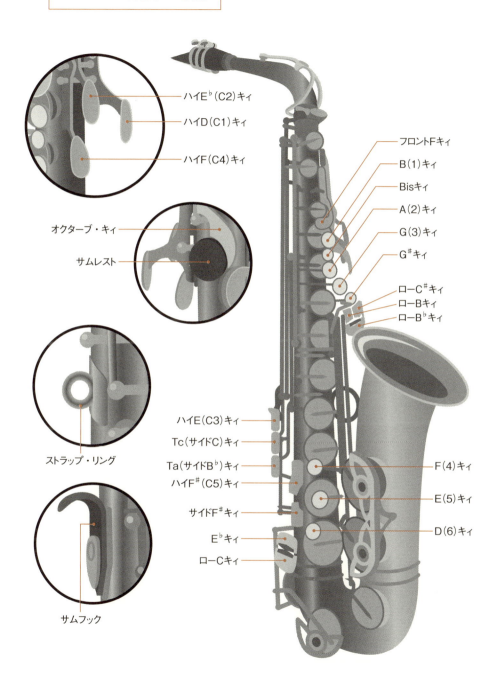

11人の指導者 紹介

著者プロフィール
（五十音順）

本書の編集にあたっては多くの現役サックス奏者／指導者のみなさまにお話を伺いました。日本のサックス界を代表するベテラン奏者の方々、また若手として将来のサックス界を担う方々。クラシックからジャズやポップスまで、ジャンルの垣根を越えてご参加いただいた11名の指導者をここで紹介します。

Profile

上野耕平 Kohei Ueno

1992年生まれ。茨城県東海村出身。須川展也、鶴飼奈民、原博巳の各氏に師事。第12回ジュニアサクソフォンコンクール第1位、第7回日本ジュニア管打楽器コンクール金賞、同第10回金賞。東京藝術大学音楽学部器楽科にてサックスを学ぶ。第28回日本管打楽器コンクール、サクソフォーン部門において、第1位ならびに特別大賞を受賞(史上最年少)。2014年アドルフ・サックス国際コンクールにて2位入賞。The Rev Saxophone Quartetソプラノ・サックス奏者。ぱんだウインドオーケストラのコンサートマスターを務める。

織田浩司 Koji Orita

©KAREN NATSUKI

1990年に米米CLUBのホーン・セクションBIG HORNS BEEのメンバーとなる。これまでにB.B.KING・Char・TUBE・中島美嘉・平井堅・鈴木雅之など、国内外の数々のアーティストと共演。日本を代表するホーン・セクションのメンバー、そしてソロ・プレイヤーとして活躍中。自他共に認める吹奏楽好きとして知られ、日本各地の学校の吹奏楽部、指導者、吹奏楽団との親交を深めている。近年では各地の吹奏楽コンクールの審査員やイベントの音楽監督を務めるほか、各種クリニックを開催するなど、将来ある若い吹奏楽団の育成を積極的に行っている。

雲井雅人 Masato Kumoi

富山県出身。国立音楽大学を卒業後、ノースウェスタン大学大学院にてフレデリック・ヘムケに学ぶ。第51回日本音楽コンクールおよび 第39回ジュネーブ国際音楽コンクール入賞。1991年新日本フィルハーモニー交響楽団と共演。以後ソリストとして、京都市交響楽団、関西フィルハーモニー管弦楽団など、国内外の著名オーケストラとも数多く共演。現在は国立音楽大学、尚美学園大学各非常勤講師、亜細亜大学吹奏楽団コーチ。雲井雅人サックス四重奏団主宰。2005年より「サイトウキネン・フェスティバル 松本」に参加。

高橋弥歩 Hiromu Takahashi

国立音楽大学サックス専修、ジャズ・コース卒業。クラシック・サクソフォーン科を首席で卒業する。在学中はニュータイドジャズオーケストラに所属し、同バンドで第38〜40回山野ビッグバンド ジャズ コンテストに於いて三年連続最優秀賞受賞。第7回サクソフォーン協会主催新人演奏会に出演。リットーミュージックのサックス・マガジン歌モノ・サックス・コンテスト最優秀賞受賞。これまでにサックスを本田雅人、池田篤、石渡悠史、石名田亜紀、原博巳、下地啓二の各氏に師事。槇原敬之、華原朋美、Superfly、GILLE、bird等のライブ・サポート、レコーディングに参加している。

Profile

田中靖人 Yasuto Tanaka

©Anju

1964年生まれ。和歌山県和歌山市出身。国立音楽大学在学中、第4回日本管打楽器コンクール・サクソフォン部門で第1位を獲得し、鮮やかにデビュー。その音楽性は"内的な詩を持つ大器"と絶賛され、クラシック・サックスの父とも言われる名演奏家マルセル・ミュールをも唸らせた。国立音楽大学卒業時に矢田部賞を受賞。トルヴェール・クヮルテットの一員として活動するほか、東京佼成ウインドオーケストラのコンサート・マスターを務める。現在、愛知県立芸術大学講師、昭和音楽大学および同短期大学講師として後進の指導にもあたっている。

中村均一 Kinichi Nakamura

©M.UMEDA

東京藝術大学を卒業。サックスを冨岡和男、大室勇一の各氏に師事。大学在学中にアルモ・サクソフォーン・クァルテットを結成し、1986年第21回民音室内楽コンクール(現東京国際音楽コンクール室内楽)においてサックスとして初めて第1位を受賞、ルフトハンザ賞も併せて受賞する。1988年、第9回ワールド・サクソフォーン・コングレスに日本代表として出演。現在は10人編成の吹奏楽アンサンブル"マジカル・サウンズ"のメンバーとしても活動中。日大芸術学部音楽学科講師、ビュッフェ・クランポン社専属講師を務める。

中村有里 Yuri Nakamura

国立音楽大学弦管打楽器専修(サクソフォーン科)卒業。同大学院では修士課程器楽専攻にて最優秀賞を受賞し修了。在学中、同大学にてティーチング・アシスタントを、現在は同大学音楽研究所にて研究員を務める。第38回国立音楽大学東京同調会新人演奏会、国立音楽大学大学院新人演奏会に出演。これまでにサックスと室内楽を滝上典彦、下地啓二、雲井雅人各氏に師事。ジャズを独学で学び、松永貴志カルテットのメンバーとして共演を重ねるほか、クラシックやジャズ、劇伴音楽のレコーディング等、さまざまなジャンルで活動している。

彦坂眞一郎 Shinichiro Hikosaka

東京芸術大学を首席(管・打楽器において)卒業。同大学院修了。サックスを忠地美幸、中村均、前沢文敬、大室勇一の各氏に師事する。大学在学中に安宅賞を受賞。CBSソニー「ザ・ニューアーティスト・オーディション'88」においてFM東京賞、クリスティン・リード賞を受賞する。マイスター・ミュージックよりソロ・アルバム「バラード」、「ダンス」、「エチュード」を、フロレスタンより「ヴェル・ドゥマン～明日のほうへ～」をリリース。現在は上野学園大学特任教授を務める。トルヴェール・クヮルテットのメンバーとしても活躍している。

Profile

ひび則彦 Norihiko Hibi

東京音楽大学サックス科卒業。クラシック・サックスを石渡悠史氏、ジャズ・サックスを土岐英史、藤陵雅裕、両氏に師事。2000年にはモントリオール国際ジャズフェスティバルに出演。現在は、ジャズ・サックス・アンサンブル「HIBI★Chazz-K」のリーダーとして全アレンジを担当。メジャーデビューアルバム「ハッピー・サックス・ヒット・エクスプレス」が2014年第56回日本レコード大賞　[企画賞]を受賞。またPHP研究所から、著書「吹奏楽人のための[超入門]ジャズ講座」2014年発刊、ロングセラーに。アマチュア指導にも定評がある。

福井健太 Kenta Fukui

静岡県浜松市出身。幼い頃から様々な音楽や楽器に触れ、中学時代にサックスに出会う。東京芸術大学卒業。サックスを須川展也、二宮和弘、冨岡和男の各氏に師事。スタジオワーク（録音）は多岐にわたり、本人も把握できない本数に達している。指導者としての評価も高く、クリニック等で全国に足を運んでいる。音楽制作にも携わり「必要な音や音楽を必要なところへ」と意欲的に活動している。これまでに多くの作編曲を提供し、音楽プロデューサーとしても活躍。吹奏楽団「BRASS EXCEED TOKYO」のコンサートマスターを務める。

宮崎隆睦 Takahiro Miyazaki

兵庫県神戸市出身。8歳からピアノ、13歳からサックスを始め、16歳には地元のジャズクラブなどで活動を開始。大学卒業後に渡米、ボストンのバークリー音楽院で3年間の在学中にナタリー・コール、ナット・アダレイと共演。ニューヨークでT-SQUAREに出会い、帰国後1998年にT-SQUAREに加入する。その間ボズ・スキャッグスのジャパンツアーや国内アーティストのツアーにも参加。2000年にT-SQUAREを脱退。現在は様々なセッションワークやレコーディングに加え、全国で定期レッスン、そしてクリニックを行っている。

1

第1章 基礎力アップ編

この章では、楽器の構え方やマウスピースのくわえ方、タンギングの方法など基本的な奏法を扱います。現在うまく演奏できない人はもちろん、ある程度の経験がある人も各メソッドで奏法を見直してみてください。思いもよらない方法で上達するかもしれません。

メソッド 01

メソッド提供 >> 田中靖人

安定した構え方を身につける方法

不自然な姿勢でサックスを吹いている人は少なくありません。不自然な姿勢は体に負担をかけるだけでなく、アンブシュアやフィンガリングにも悪影響を及ぼします。まずは正しい姿勢を身につけて効率のよい練習をしましょう。

安定した構え方はストラップの長さから

　サックスを吹くときは基本的にストラップを使って楽器を支えていますが、このストラップをうまく使えていない人が多いようです。まずストラップの長さは長すぎないようにしましょう。顔がマウスピースを迎えにいくような感じ、楽器を持ち上げるような感じがしたら要注意です。そのままでは腕や首に負担がかかりますし、楽器やマウスピースの保持が安定しないのでアンブシュアが定まりにくい状態になります。

　ストラップの適正な長さは、楽器につけたマウスピースが口の中にスッと自然に入ってくる位置です。もし顎を上げてくわえなければいけないような状態ならストラップが短い可能性があります。あるいは首を下げなければマウスピースをくわえられない時は、ストラップが長すぎるでしょう。慣れないうちはマウスピースが顔に向かってくるようで怖いかもしれませんが、そこでストラップを長くしてしまっては安定しません。

　また、猫背の状態と背筋を張った状態では、ストラップの長さが同じでもマウスピースと口の距離が変わります。自分に無理のない姿勢を基準にしてマウスピースが自然に口に入ってくるような位置で合わせましょう。

力のいらない構え方を作る

　ストラップの長さが決まったら、力を入れずに楽器を安定させる構え方を身につけましょう。サックスを安定して構えるためには**上の前歯**と、**左手の親指**、そして**右手の親指**の３点のコンビネーションが重要です。

　まず楽器の重量はほぼストラップにかかっていますので、右手の親指で楽器を持ち上げる必要はありません。両手の親指は楽器をやや前に押し出す感じにしましょう。同じような力で軽く押すと、重心の関係で右手側はあまり押せないのに対して左手側は前に押せますから、ストラップ・リングの辺りを軸に楽器は少し前傾します。これでマウスピースが自然に上顎の前歯に当たって安定するはずです。この状態が、力のいらない安定した構え方です（図１）。このように親指だけで安定した状態にできれば、他の指はフィンガリングに集中できます。

図１

力のいらない構え方

胸や背筋は張りすぎず、立っていて楽で自然な体勢にしよう。そのまま顔を動かさずにマウスピースが自然に口に入ってくる位置がストラップの適正な長さ。その状態で、左手の親指と右手の親指で楽器を前に軽く押し出し、マウスピースが前歯に当たって安定したら出来上がり。親指以外は離しても安定するようにしよう。

- マウスピースは自然に上顎の前歯に当たるように
- 両手の親指で楽器を軽く前に押し出す

無理のない姿勢でストラップの長さを決めよう
ストラップと重心を生かして楽器を操作しよう

メソッド 02

メソッド提供 >> 田中靖人

最適なマウスピースの
くわえ位置を知る方法

マウスピースをくわえる位置は、奏法やアンブシュア、リードのセッティングなどに大きな影響を及ぼします。ここでは自分で最適なポジションを見つけるための方法を紹介しましょう。

下顎で位置を合わせる

　マウスピースをくわえる位置の目安は、"先端から1cm前後の深さ"といった表現でよく説明されます。つまり一般的には上の歯をマウスピースのどこに乗せているかということが重要視されているわけです。

　しかし、これでは骨格の違いや歯並びの違いなどといった、奏法に対する影響の大きい要素を考慮することができません。そういった重要な個人差を考慮した上で、最も基準にしやすいところは下顎の位置だと思います。

　そして下顎の位置が来るのは、リード先端部から見てリードとマウスピースが最初に接する場所（図1矢印）です。まずはマウスピースとリードの接点付近に目印となる指をあてがって（図1）、ちょうどその下に下顎が来るように口元まで持ってきましょう（図2）。このように大まかな位置だけ合わせたら、細かい位置調整は吹きながら試してみてください。

図1
マウスピースとリードの接点を親指で押さえる

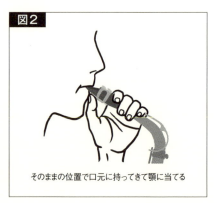

図2
そのままの位置で口元に持ってきて顎に当てる

ストラップで角度を合わせる

　楽器と自分の体との角度や距離を決めるストラップの長さも、アンブシュアやマウスピースのくわえる位置に大きく影響します。ジャズのプレイヤーとクラシックのプレイヤーではストラップの長さやマウスピースの角度も違ってくる部分があると思いますが、私は口に対してマウスピースが平行に入ってくるより、やや角度をつけて入ってくる方がいいと思います（図3）。

　しかし、ストラップが短すぎて顔がマウスピースを迎えに行くようではいけません。顎が上がってしまいマウスピースの入る角度がつきすぎてしまいます（図4）。図3のような角度でマウスピースが自然に口に入ってくるようにストラップの長さを調節し、図2のように下顎の位置が決まれば、その時の位置があなたにとって最も適切な位置になるはずです。

図3　マウスピースのくわえ位置が変わらないようにストラップ位置を合わせる

図4　ストラップが短すぎると顔に対してマウスピースの角度がつき過ぎてしまう

　マウスピースのくわえ位置は下顎に合わせて決めよう
　マウスピースとストラップの関係を見直そう

メソッド03 正しいアンブシュアを作る方法

メソッド提供 >> 田中靖人

綺麗な音が出せない、不得意な音域がある、といった悩み持つ人は多いと思います。サックスをうまく演奏するためには、安定したアンブシュアを身につけることが必要です。ここでは正しいアンブシュアの作り方を理解しておきましょう。

マウスピースを包み込むのが理想的

　アンブシュアはマウスピースを中心に360度全体を唇で包み込むように支えてあげるのが理想的です。人によっては、"輪ゴムでマウスピースを包むように"、とか"口笛を吹くような感じで"とこれを説明するかもしれません。

　その吹き方を実現するために私が提案するのは、最初に「イ」(図1)の口を作ってから「ユ」(図2)の口につなげて変える方法です。唇自体には力を入れず自然な状態にしておき、口の形を「イ→ユ」と変えた後に口の中にマウスピースを入れてみる感じです。マウスピースを締め付けるとか、押さえるイメージではなく、ちょうどピッタリのサイズの穴(口)にマウスピースが入ってくる感じ、"マウスピースを入れてみる"という気負わないイメージをしましょう。

　このときマウスピースを最もしっかり支えなければならないのは、上の歯です。演奏中に上の歯が浮いてしまわないように、しっかり固定しましょう。また、下の歯は決してマウスピースを強く噛まないようにしてください。マウスピースを噛むということは、リードの振動を抑えてしまうことになるので、結果的に息がマウスピースに入りづらくなったり、正しい音程が保てなかったり、あるいはタンギングの際にリードがうまく振動せずタンギングが詰まってしまうといった原因になります。

「イ」の口で横に引く

「イ」の口からマウスピース分の空洞を開けた状態まで中央に寄せて「ユ」の口を作る

唇は巻き込まない

　そして、この吹き方を作るときに注意すべきことは、横から見た時に下唇の下の部分が膨らんだり、シワになったりしないようにすることです。図3のように、唇の下がすっきりした状態で演奏できるようにしましょう。

　なぜ膨らんでいるのが良くないかというと、その部分が膨らんでしまう人は、下唇を下の歯に巻き込み過ぎていることが多いためです。唇を多く巻き込みすぎたことで、反応や操作性が悪くなったり、クッションが厚くなった分だけ余計に噛んでしまったりとリードの振動を減らす方向に進んでしまいます。

　アンブシュアの形が良くなくても音やコントロールの結果がいい場合は別ですが、うまくいっていない状況で膨らんでいるのなら、修正するべきです。

　また、下顎に関して"下の歯に下唇を軽く巻き込んでクッションを作る"と説明している本も多いのですが、実際は巻き込むというよりも乗せている感覚でいるのがいいでしょう。

唇の下、下顎の部分がシワになったり膨らんでいない状態にする

唇はマウスピースを360度ピッタリと包み込もう
下唇のクッションは巻き込まないようにしよう

メソッド 04

メソッド提供 >> 中村有里

自然な吹き方を作るための
セッティングを見つける方法

自然な吹き方を作るためには無理のないセッティングが欠かせません。ここでは自分に合ったセッティングを見つける方法を紹介しましょう。

自分の息使いにあった道具を探す

　サックスを吹くとすぐに下唇が痛くなってしまうという話をよく聞きます。無理なセッティングや奏法で吹いている人は多いようです。吹き方が定まらないうちは、今の自分の負担にならない、唇が痛くならないような圧力で吹けるマウスピースとリードの組み合わせを探してみましょう。憧れのプレイヤーと同じセッティングにしてみても、すぐにうまく吹けるようにはなりません。

　また、慣れないうちは口の形に意識がいって変に力が入ってしまいがちですから、綺麗なアンブシュアの確立が大切です。それが無意識のうちに自然にできるようになってから、意識を"お腹に力を入れて息を支えること"に向けてみましょう。そして、その状態の自分の息の量や圧力、無理のないアンブシュアがわかったら、自分に合ったセッティングを探してみるといいでしょう。

　今はさまざまなマウスピースやリードが手に入りますが、最も無理のない奏法を教えてくれるのは、やはりスタンダードなもの。セルマーのS90の180とバンドーレンのトラディショナル3番などは代表的な組み合わせですから、迷った場合はそれがうまく吹けるところに自分に合った正解の吹き方を見つけられるでしょう。またすぐに見つけられなくても、無理なアンブシュアに陥る確率も低いと思います。

今の自分の息の量や圧力にあったセッティングを選ぼう
スタンダードなものを使うことで自然な奏法が身につく

メソッド 05 良いブレスを身につける方法

メソッド提供 >> 雲井雅人

管楽器を吹くためには息が必要ですから、ブレスの習得は欠かせません。しかし、勘違いした腹式呼吸で苦労して、楽器を吹くことが辛くなってしまう人が多くいます。ここでは、効率よく体を使うための腹式呼吸を紹介しましょう。

上半身には力を入れなくていい

　楽器を上手に演奏するには良いブレスが必要です。しかし、それを身につけるために多くの人が陥ってしまうことがあります。腹式呼吸と聞くと体が力んでしまうのです。そういった人の多くは、学校の吹奏楽部などで"肩や上半身を動かさずに、お腹を膨らませて頑張って息を吸う"ということを意識に刷り込まれているようです。

　確かに基礎体力作りには"頑張って吸うこと"も効果があると思います。特に初心者の頃は息を吸える量が少ないので、意識的にたくさん吸った方がいいとも言えます。しかし、ある程度うまくなったら少ない息でも効率よく鳴らせるようになります。また必要な分だけ吸えば事足りるようになるのです。それにもかかわらず過剰に"頑張って吸うこと"を続けると、緊張した筋肉で体や骨に伝わる響きを押さえ込んでしまい、体で音を響かせられなくなってしまいます。

　そこで私は、"お腹で圧力をかけたらポンっと胸部が飛ぶくらいに上半身の力を抜きなさい"と教えています。肺は受け身の器官なので、そうすることで胸部とともに自由に膨らむようになります。肺や肋骨に力を入れて広げるのではなく、吸った息で肺が膨らみ、肋骨も内側から押されて広がるくらいに脱力すると、効率の良いブレスができるようになります。

上半身から力を抜いて肺や肋骨が自由に動くようにしよう
肺や肋骨を押し拡げるぐらいの息圧をお腹でかけよう

第1章 基礎力アップ編

メソッド 06

メソッド提供 >> 中村均一

基礎練習を整理する方法

楽器を吹く際は、普段の生活とはまったく違った体の使い方をするため、負担が大きいものです。そこでなるべく体に負荷をかけず、自然に自由な表現ができるようにするために、基礎練習を整理しておきましょう。

五つの要素で正しい奏法を作る

　正しい奏法を実現するために必要な要素を5つに分けると、**息、口、舌、指、顎**の5つになります。これらをしっかりと分けてコントロールできるようにすることで、負担の少ない奏法を作ることができます。

　しかし最初からすべてを分けて効率よく操作するのは不可能です。上級者向けの"一粒で二度美味しい"というような複合的な練習フレーズを初心者が練習してしまうと、どれもうまくできないまま体がガチガチに固まってしまいます。ですから、まずは少しずつ、最低限必要な要素を確認しながら練習するようにしましょう。

息と口を意識したロングトーン

　五つの要素の中で最初に訓練するのは息と口です。正しい口の形と正しい息の使い方をトレーニングするようにロングトーンの練習をしてください。時間はもっとも客観的な尺度ですから、秒針のある時計で時間を計ってどれだけ長く音を伸ばせるかが重要です。

　音域は第三間の「ド」からスタートしましょう。この音は一番簡単に出る音ですから、この音で良い音がしないのであれば吹き方ではなく道具を疑うべきです。リードを変えてみるなどして、良い音が出るようにしましょう。そこでほどほどに良い音が出るようになったら、少しずつ音域を下に広げていきます。下の音域は息の支えが必要になりますので、息の練習にはぴったりです。真ん中のドの音から下に降りて、同じような音色で吹けるように練習してください。

ロングトーンを中心に奏法をチェックする

　前述のロングトーンでは、できる限り音を長く伸ばすことだけ意識しました。この練習ではっきりとわかるのは、息とアンブシュアとセッティングの良し悪しです。長く伸ばせた時と長く伸ばせなかった時では何が違ったのかを、しっかりと考えてみてください。

　理由は、息をたくさん吸えた、最後まで息を吐ききれた、吹き方が良かった、リードを変えたら良かった、など多岐にわたると思います。その逆に音が長く伸ばせなかった時は何が原因なのか、それが明確にわかると自分の弱点も改善できるようになります。

　吹奏楽部の活動やレッスンなどで、誰か、または大勢と一緒にロングトーンをしている人もいると思います。しかし、そういった"大勢で音色を揃えるためのロングトーン"の前に、この項で行ったような"自分の吹き方を知るためのロングトーン"をしておくことが必要です。

　そして、この正しい口と息を使ったロングトーンを中心に、舌と指と顎の操作を加えていくことで、さまざまな奏法を無理なく身につけることが可能になります。下記は、ロングトーンを中心とした、奏法を広げるための練習です。

- ロングトーンに舌の操作を加えたタンギングの練習
- ロングトーンに指使いを加えたスケールの練習
- ロングトーンに顎の操作を加えた音程を調節する練習
- ロングトーンに規則的な顎の操作を加えたビブラートの練習

　ロングトーンは、自然に楽器を鳴らすためのもっとも基本的な練習ですから、そこで奏法をしっかりと作り上げることができれば、体に負荷をかけることなくいろいろな奏法を習得していくことができます。闇雲に練習をするのではなく、基礎的なコントロールを整理して効果的に練習しましょう。

> 奏法の要になる要素は息、口、舌、指、顎の五つ
> 息と口を重視したロングトーンを中心に奏法を広げよう

メソッド 07

メソッド提供 >> 田中靖人

ロングトーンを
効果的に行う方法

サックスの音色を作るために行う基本的な練習がロングトーンです。その名の通り、音を長く伸ばす行為ですが、何も考えずに練習したのではもったいないですね。ここでは効果的なロングトーンの方法を紹介しましょう。

ロングトーンでニュートラルな奏法を作る

　ロングトーンの練習は、アルトやテナーといった楽器の種類を問わず、第3間の「ド」の音から始めてください。まずは息に余裕がある状態で「ド」の音をしっかり支えられるように長く伸ばしてみましょう。♩＝60を基準として、最初は4拍間でも構いません。大事なのは息をしっかりと使って大きい音で練習してみることです。大きい音を出そうとすれば自然と呼吸も深くなります。

　音がフラついたりせず安定するように練習してみて、自分の音を聴く余裕が出てきたら、音がキレイになるように息の量などをコントロールしてみましょう。サックスは、息を入れさえすれば音を出すのは簡単なのですが、その分だけ音が汚くなりやすいのです。息の量や太さ、向きなどは人によって異なりますから、ロングトーンで自分にとって良いバランスを見つけることが重要です。

　また、少し慣れてきて低音域や高音域を単音で練習していると、出しにくい音を出そうとして、気が付かないうちに奏法が変わってしまうものです。最もリラックスして吹ける真ん中の「ド」を自分の中のニュートラルな奏法として、同じ奏法のまま隣り合った上下の音を繋げて吹くことで、自然に音域を広げながら低音域や高音域のコントロールをつかむことができるようになります。このように練習することで、ロングトーンは基本的な奏法を形作る柱になります。

> ロングトーンで基本的な奏法を作りあげよう
> 低音域や高音域もロングトーンの延長で音作りしよう

メソッド 08

メソッド提供 >> 田中靖人

理想的なタンギングを身につける方法

タンギングはサックスを演奏するために必要な基礎的な技術です。しかし、誤った認識や練習法で行っている人も少なくありません。ここでは理想的なタンギングを身につける方法を紹介します。

タンギングはニュアンスを作るもの

　タンギングというテクニックを、発音するためのきっかけとしてとらえている人もいるかもしれませんが、タンギングはあくまでもリズムや発音のニュアンスを作るためのものです。発音のために力を込めてするものではありません。アクセントや強い音の表現は息使いでコントロールするものであって、タンギングはそこに添える程度で十分なのです。

　タンギングで音を出そうとしている人が陥ってしまうのが、舌のアタックを強くしすぎて強調感の強い音になってしまうこと。また、強く吹こうとして舌と一緒に下顎が動いてしまうことで音程や音質が変わってしまい、音が「タゥ」となってしまうことです。このように音質が著しく変わってしまうような、発音に問題のある人は、タンギングの際に舌が大きく動きすぎていたり、発音の前に舌をリードに押し付けていたりする場合が多いです。

理想的なタンギング

まず理想的なタンギングの方法を紹介しましょう。できるだけ少ない力で、口腔内の容積が変わらないことが望ましいわけですから、そのためにはタンギングを行う前、つまり通常時の舌の位置を確認することが重要です。図1が理想的な位置、図2がよくない位置です。図1で舌が常にリードのすぐ近くにいるのに対して、図2では舌が後ろに下がっています。

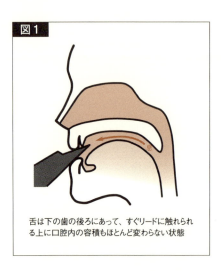

舌は下の歯の後ろにあって、すぐリードに触れられる上に口腔内の容積もほとんど変わらない状態

舌が後ろに下がっていて、タンギングすると舌の移動により口腔内の容積が変わる状態

　この状態でタンギングをすると、図1は舌が少し動くだけでリードに触れることができますが、図2の状態では舌が後ろから前までかなり動かないとリードに触れることができません。
　図1と2、どちらでも単音ならいい音色で吹けると思います。しかし図2ではタンギングをしたときに舌の位置と一緒に息の通り道の広さ（容積）が変わってしまうため、その都度音色が変化してしまいます。スラーとタンギングが組み合わさったフレーズなどで音色が変わってしまう人は図2のような状態が原因だと思われます。普段から図1のように舌が前の位置にいるように練習すると良いでしょう。

タンギングを矯正する

　また、リードとの距離だけでなく、リードに触れる力の強さや接触する面積も重要です。リードに触れる舌の面積が広く、力も強い場合、リードを面接触で押し付けている状態になります。このままタンギングをすると、"スラップ・タンギング"に近い、はじくような音色になってしまいます。舌は脱力した状態で、触れすぎず離れすぎず、適度な位置を探すのが重要です。

　ここで、強すぎるタンギングを矯正するための方法を紹介しましょう。図3の模式図のように、下唇の内側に舌先をつけたまま、舌先から少し内側の部分でタンギングをしてみてください。実際にやってみるとわかるのですが、舌先を下唇の内側から離れないようにしていると、ほとんど舌に力を入れられませんし、舌を動かせる範囲も限られます。この最小限の力と可動範囲でタンギングができるようにしましょう。

　もちろん、はじめのうちは慣れないと思いますので、すぐに規則的なタンギングを練習するのは難しいと思います。しかし、10分ほど練習していれば徐々にコントロールができるようになるのではないでしょうか。これができるようになると、力の抜けた柔らかいタンギングができるようになります。この状態でメトロノームに合わせて規則的なタンギングができるようにしましょう。

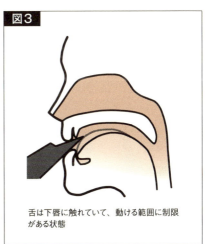

図3
舌は下唇に触れていて、動ける範囲に制限がある状態

> タンギングは音のニュアンスを表現するもの
> 力の抜けた柔らかいタンギングを練習しよう

メソッド 09

メソッド提供 >> 宮崎隆睦

ジャズやポップスに対応したタンギングを習得する方法

ポップスやジャズで聴けるサックスの音はアタックがはっきり聞こえますね。そのため多くの人が強くタンギングすればいいと考えがちですが、実際はそうではありません。ここでは僕が実際に行っているタンギングの練習法を紹介しましょう。

サラッと聞こえるように練習する

　多くのアマチュアの方は、ジャズやポップスの演奏のときにタンギングを強調することで音楽にあったアタック感が得られるととらえているようです。しかし僕たちジャズやポップスのプロミュージシャンが実際に行っているのはその逆。つまり強調しないで、サラッと流して聞こえるようにしています。

　では強調する時はどうするのか。そういう場合、強調部分の音量を上げるのではなく、その前の部分の音量を落とすのです。すると耳障りでなくサラッと聞こえるのに、強調したいところが印象に残るようになります。

　プロの演奏でハッキリ聞こえた部分を真似しようとして、タンギングや音量を一段階強く大きく演奏すると、結果的に音楽全体が凸凹になって聴こえてしまいます。

　そうならないようにするため、僕は"タンギングの練習は、しているかどうかわからないくらいの軽さでやりなさい"とよく生徒に言っています。タンギングの存在感をなくすコントロールができれば、無理に強調しなくても音量差で印象的に聴かせることができるようになります。

　3つの譜例を挙げて僕の練習方法を紹介しましょう。譜例1（track01）はレガート・タンギング。すべての音で滑らかにタンギングする、もっとも基本的な練習です。譜例2はスラー。最初の音だけタンギングして、あとはスラーでつなげる練習です。譜例3はジャズ・アーティキュレーション。出だしの音は表拍でも裏拍でも必ずタンギングをして、なおかつそれ以降の裏拍の音は必ずタンギングする表現です。リズムはスウィングせずに、イーブンで練習しましょう。これらをなるべく違いが出ないように練習してください。

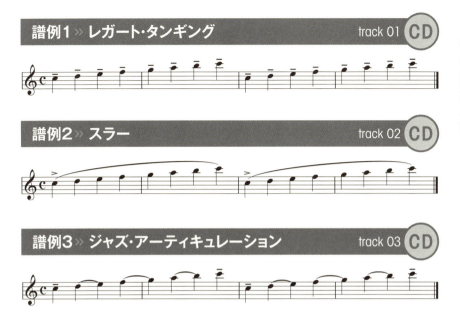

タンギングの位置を試す

　先に挙げた"違いを出さない"演奏をするためにどんなことが重要かというと、リードに触る舌の位置をいろいろ試して、必要に応じてタンギングの位置をコントロールできるようになることです。

　例えば僕の場合、普段からかなり舌の奥の方でタンギングしています。舌の奥で行うと強調感のない"柔らかい発音"ができる反面、連続したシングル・タンギングは遅くなります。反対に舌の先端に近い方で行うと、シングル・タンギングの連続は速くなりますが、"柔らかい発音"は苦手になります。必要な表現に合わせて自分で臨機応変に対応できるよう、タンギングに使う舌の位置は、少なくとも先の方と奥の方の2種類を使えるようにしておきましょう。

- 存在感のないタンギングで自然な強弱を表現しよう
- タンギングの位置を変えることでニュアンスを増やそう

メソッド 10

メソッド提供 >> 上野耕平

タンギングの速度を上げる方法

シングル・タンギングはタンギングの基本ですから、綺麗な音で丁寧に速くできるようになりたいですね。ここでは、タンギングに必要な息と舌の関係を見直して、連続したタンギングを速く行えるようになる方法を紹介します。

クレッシェンドしながらタンギング

タンギングが速くできない人は、舌に力が入ってしまっている場合が多いです。そういう場合は一度力を抜くために、小さい音からクレッシェンドしながらタンギングの練習をしてみましょう。譜例1（track04）のように練習すると、普段のタンギングより速くできるようになると思います。

譜例1　track 04

タンギングを練習しようとすると、舌にばかり意識がいって力んでしまいがちです。タンギングで楽器を鳴らすのではなく、息で楽器を豊かに鳴らしながら、息の流れに舌を乗せていくような感じをイメージしましょう。

あえてタンギングをしないで、ノー・タンギングで100%のフルサウンドを発音できるように練習すると、より力が抜けてタンギングも速くなります。舌に頼った発音ではなく、息の圧力で発音できるようにしましょう。

> 楽器を発音するのはタンギングではなく息の圧力
> 力の抜けたタンギングでスピードアップを図ろう

メソッド 11

メソッド提供 ≫ 織田浩司

日本語の発音で音楽のニュアンスを理解する方法

第1章 基礎力アップ編

日本語の発音はタンギングの方法やリズムの取り方といったさまざまなことを理解するのにとても役立ちます。ここでは、日本語の発音を入り口にタンギングの種類とリズムの感じ方を紹介したいと思います。

日本語の発音で舌の形を変える

　僕はタンギングの違いを"日本語の発音"に置き換えて説明しています。身近な音の発音であれば、自分で観察するのにも適していて理解しやすいです。

　まず普通にタンギングして音を出してみましょう。一般的な「トゥトゥトゥトゥトゥ」に続いて「タタタタタ」とタンギングしてください。その時、舌の形がどうなっているか自分で観察してみましょう。「トゥ」の時は舌が少し丸まっている感じがすると思いますが、「タ」の時は舌が横に広がっているのが感じられるでしょうか。楽器で吹いてみると、「タ」のタンギングの方が少し音に広がりを感じるかもしれません。

　次に「ダダダダダ」と練習してみましょう。これは「タ」より少し力強くなります。舌を離す勢いが強くなったような感じです。こういうタンギングはロックなどで力強いタンギングをするのに役に立ちます。

　反対にバラードのようなゆったりした音楽やレガートの表現に役立つのは「ルルルルル」という発音です。舌がリードについたらすぐに離れるイメージでしょうか。一口にタンギングといっても、これだけでかなり変わります。

　タンギングでリズムを表現したい時は「トゥ」とか「タ」が適していると思います。息のスピード感を持って「トゥッ！」となるようにするとさらに効果的です。その時は"スイカの種を遠くに飛ばすようなイメージ"で息をまとめてタンギングしてください。

楽器を持たずに舌の動きを確認する

　最初からマウスピースをくわえた状態でタンギングのイメージを変えようとしても、普段の奏法の癖に引っ張られてしまって、うまくいかない場合もあるでしょう。頬や顔の周りに力が入ってしまっている人もいるかもしれません。
　そういう時は楽器を持たずにタンギングの練習をするのが大切です。発音のイメージを持って、舌の形を確認してから練習すると上達が早いと思います。
　このタンギングの練習をすると、発音のニュアンスが変わるだけでなく、耳も育つようになります。一種類のタンギングしかできない状態と、たくさんのタンギングができる状態では音楽やフレーズの聞こえ方も変わってきますから、ぜひタンギングの種類を増やしてください。

言葉を使ってリズムを取る

　舌でリードをしっかり触って"音を止める"タンギングは、ゆっくり触る"余韻を作る"タンギングよりも拍のとらえ方が明確に現れます。つまり、ちょっとずれただけでもバレやすいのです。そのため、リズムを細かくカウントする必要があります。
　例えば3拍伸ばして1拍休符というフレーズを「4頭切り」(よん・あたまぎり)という言い方をしたりします。この4頭切りがどういうものかというと、16分音符の13個目で音を切るということです。つまり「タカタカ・タカタカ・タカタカ・タ」となります。
　これが「4裏切り」(よん・うらぎり)だったら16分音符15個目で音を切る。つまり「タカタカ・タカタカ・タカタカ・タカタ」で切ることになります。これをしっかり頭の中でカウントしなければいけません。
　4頭切りを"4分音符の4拍目に入ったら切る"というアバウトなイメージで行うとズレが出やすいのですが、4拍間を16分音符で割って、"16分音符13個目で切る"というふうに細かく取ると、格段に精度が上がります。

ダルマさんが転んだ

　前述の"言葉を使ってリズムを取る練習"をわかりやすく伝えるには日本の伝統的な遊び"ダルマさんが転んだ"がぴったりです。

　ダルマさんが転んだという遊びは知っているでしょうか。複数人で遊ぶゲームですが、一人しかいない"オニ"と呼ばれるプレイヤーが「ダルマさんが転んだ」と言って振り返り、語尾の「だ」の瞬間に動いている他の人を捕まえていくゲームです。他の人たちは捕まらないようにオニに触れば勝ちです。

　このゲームの重要なところは、どんなに一生懸命オニに向かって走っていても、最後の「だ」の瞬間には、みんなが一斉に止まらなければいけないことです。これは"音を止めるタンギング"にも同じことが言えます。どんなに音がまっすぐ伸びていても、4頭切りだったら16分音符の13個目には舌でリードを触って音を止めなければいけないわけです。こういう風に身近な遊びとリンクして練習すると自然にリズム感を身につけることができると思います。

　日本語の発音を参考にタンギングの種類を増やそう
　ダルマさんが転んだのイメージで音の切りを合わせよう

メソッド 12

メソッド提供 >> 宮崎隆睦

サックスの仕組みを練習に活かす方法

僕がレッスンで大事にしているのは、体の作りと楽器の作りを理解してもらうことです。最小限の労力で最大限の効果を発揮する方法は、やはり理解によるものが大きいです。ここでは音のイメージや楽器の仕組みを理解しましょう。

音の形をイメージする

僕は音のイメージを円錐型としてとらえています。楽器全体を使って鳴らしている最低音が最も豊かな音のする状態、つまり最大の円錐(図1-❶)だとしたら、そこから高音域に行くに従って下の成分がカットされていき、円錐の上の部分(図1-❷)の響きが残る。楽器全体をしっかり鳴らせていない人は基本の円錐が細くなり(図1-❸)、高音域に行くに従って下の成分がカットされますから、さらに音がどんどん痩せていくわけですね(図1-❹)。しかし、楽器自体をしっかりと鳴らすことで音の円錐形を大きくするだけでなく、さらに自分の体を使って鳴らすことで、高音域になっても下の響きが補填されるような吹き方もできるのではないかと僕は思っています。

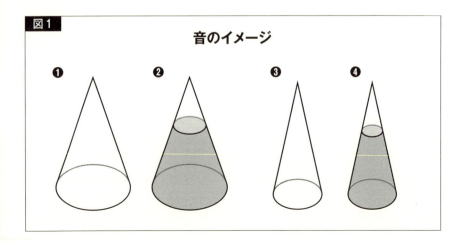

図1 音のイメージ

リードの振動をイメージする

　リードは不規則に振動しているわけではありません。息のスピードと関連してリードの振動の仕方は変わり、それがサックスから出る音に影響します。

　速い息の時にはリード先端が速く細かく振動することで高い音が出て、ゆっくりの息ではリード全体がゆっくりと大きく振動して低音が出ます。ですから早い息を入れれば高音が出るのですが、多くの場合は早い息で吹こうとして"強く"吹いてしまう。そうするとリードは"強い＝速くて太い"息によって大きく振動して低音を鳴らすようなモードに切り替わってしまうのです。リードに間違った情報を与えないように息のスピードはしっかりコントロールしなければいけません。

金管楽器をイメージする

　サックスは木管楽器の一種ですが、他の木管楽器とは決定的に異なる部分があります。それは、クラリネットやフルートがほぼ真っ直ぐな円筒形をしているのに対して、サックスが円錐形の楽器だということです。サックスの形をイメージすると、ネック側が細くなっていて本体で緩やかに太くなり、U字管からベルにかけて急に開いているのがわかると思います。

　そして他の円錐形楽器は何かというと、トランペットなどの金管楽器です。つまりサックスは金管楽器に近い構造の楽器ですから、高い音域を演奏する時にはトランペットなどと同様にかなりの抵抗感があるはずなのです。しかし、サックスは管体に穴がたくさん空いていることによって抵抗感がなくなってしまっている。そこで、失った分を補填して楽器本来の抵抗感を確認し、それに見合った圧力をかけることで、楽器全体をしっかりと鳴らすことができるようになります。そのために役に立つのがオーバートーンの練習です。実際のオーバートーンの練習方法は本書P40のメソッド14「サックスの演奏に必要な体の使い方を理解する方法」を参照してください。

> 音の形やリードの振動のイメージを持って練習しよう
> サックスは金管楽器に近い特性を持っている

メソッド 13

メソッド提供 >> 宮崎隆睦

全音域で充実した音色を作る方法

サックスは他の管楽器に比べて簡単に音を出せる楽器ですが、全音域で充実した音色を作るためには、息のスピードを高めて腹圧をかけて演奏できるようになる必要があります。ここでは楽器の特性を利用した練習方法を紹介しましょう。

二つのオクターブ・トーンホールの切り替わりを意識する

　練習の前にまず楽器の構造を知っておく必要があります。サックスにはオクターブ・キィは一つですが、連携して動くオクターブ・トーンホールが二つあります。具体的に挙げると第三間「ド」と第四線「レ」の間で切り替わる第一オクターブ・トーンホールと、上第一間「ソ」と上第一線「ラ」の間で切り替わる第二オクターブ・トーンホールです。下記にそれぞれのトーンホールが機能している音域の特性を紹介しましょう。

●第一オクターブ・トーンホールを使った音域（レ〜ソ♯）
　ハイF♯キィ付近にある第一オクターブ・トーンホール部分で息が抜けてしまうため楽器の抵抗感が減りますが、左手のキィは全て押さえている状態なのである程度の抵抗感が残っています。比較的安定した音域です。

●第二オクターブ・トーンホールを使った音域（ラから上）
　ネックにある第二オクターブ・トーンホールが開くこの音域に入ると抵抗感が極端に少なくなってきます。楽器というのは抵抗感がなくなると少ない息で楽に吹けるようになりますが、奏者が単純に力を抜いて楽に吹いてしまうと、息の速度や圧力が足りなくなって音が1オクターブ下がってしまいます。

　つまり第二オクターブ・トーンホールの音域から音が1オクターブ下がりやすくなるため、「ソ♯」と「ラ」の境目から舌の位置による息のスピードや腹圧のかけ方をしっかり考えて吹いた方がいいということです。

オクターブ・キィに頼らない

オクターブ・キィというのは、押せば勝手に1オクターブ上げてくれるような便利なキィではありません。またこのキィは押すだけで勝手に楽器全体のピッチを上げてしまう特性を持っていますから、オクターブ・キィに頼って楽に吹いていたらピッチが恐ろしく上がってしまうことになります。

そこでオクターブ・キィを使わずに跳躍する練習が重要となるわけです。譜例1をみてください。このように短い音からで構いませんから、口の中で息のスピードを上げることで音の跳躍練習をしてみましょう。

譜例1 » 息のスピード　　track 05 CD

次に譜例2を見てください。今度は音符が長くなっています。跳躍して上がった音のまま腹圧をかけてキープしてみましょう。息のスピードと腹圧をこのように分けて訓練することで、二つのコントロールが身につきます。それによって全音域で充実した音を鳴らすことができるようになります。

譜例2 » 息のスピード＋腹圧　　track 06 CD

音域に合った息のスピード・コントロールが必要
息のスピードに腹圧をかけて充実した音色を作ろう

メソッド 14

メソッド提供 >> 宮崎隆睦

サックスの演奏に必要な
体の使い方を理解する方法

楽器を演奏するには、うまく体を使うことが大切です。でもそのためには、体の使い方を理解する必要があります。サックスの演奏を単純に考えると、息を吸って吐いて指を動かすという行為ですが、ここではもっと細かく考えてみましょう。

体を効率よく使う

　楽器をしっかり鳴らすために必要なのは、体をしっかり使うことです。簡単に言うと、しっかり息を吸って、しっかり吐く。体の使い方というと、よく"腹式呼吸は寝ている時にしている自然なもの"といった説明も聞きますが、演奏する時にはそんな悠長なことは言っていられません。ですから、まずはしっかり息を吸うために、必死に息を吸いましょう。そして、吸った息をしっかりと吐き効率よく使うためには、口の中で息のスピードをコントロールすることと、腹圧で息の圧力を操作することが重要です。

　息のスピードと腹圧は混同されがちな言葉ですが、僕は二つを分けてとらえています。というのも、高い音は息のスピードを上げれば簡単に出るのですが、それを維持しようとすると腹圧が必要になってきます。しかし腹圧をかければ高い音が出るのかというと、そうではありません。ですから、息のスピードと腹圧を分けて考えて両立させなければいけません。腹圧の意識に関しては本書P38のメソッド13「全音域で充実した音色を作る方法」で紹介していますので、ここでは息のスピードを取り上げます。

息のスピードをコントロールする

　息のスピードを決めるのは、舌の位置と口腔内の容積。そこで僕が重要だと思っているのは舌の奥から喉まで繋がっている部分の変化です。例えば口の中を前半分と後ろ半分に分けたとすると、前半分にあたる舌先は低いままで口はすぼんでいるのですが、後ろ半分にあたる舌の奥の部分の高さを変えることで口腔内の広さを変えられるようにするということです。

　一般的に"楽器を吹くときは口の中を広くする"と言われます。つまりサックスを吹くための基本が舌を下げた状態だとすると、音域が上がるに従って息のスピードが必要になりますから、舌の位置が上がっていき口腔内が狭くなるということになります。この舌の位置の可変幅を具体的に表すと「エ」と発音した時の舌の奥の下がり具合と「イ」の発音をした時の上がり具合になります。音域に合った適切なスピードは、この二つの間で舌の位置を試すことで見つけることができるでしょう。

オーバートーンで抵抗感を確認

　オーバートーンとは、低音域の指使いのまま様々な倍音を出してコントロールする奏法です。サックスのキィをほとんど塞いだ状態でさまざまな音を鳴らすことで、管体全体を鳴らすために一つ一つの音が要求する息のスピードや腹圧も確認することができます。

　例えば最低音B♭の指使いのままオーバートーンで一つ上の倍音であるオクターブ上のB♭を出した時の"体に感じる抵抗感"と、その音の通常の指使いで音を出した時の"体に感じる抵抗感"とを比べると、明らかにオーバートーン時の方が強いのがわかると思います。

　このようにそれぞれの音でオーバートーン時の抵抗感に拮抗するような息のスピードや腹圧をかけると、通常の指使いであってもオーバートーンに近い、管体本来の鳴り方を活かした響きを得ることができるようになります。

体を使うには息をたくさん吸ってしっかり吐くことが重要
体の使い方はオーバートーンの練習で確認する

メソッド 15　息から音への変換効率を上げる方法

メソッド提供 >> 宮崎隆睦

> サックスの音に息の雑音が多く混じってしまう、またはすぐ息が切れてしまうという人は、息から音への変換効率が悪いのかもしれません。ここでは効率を上げる練習法を紹介しましょう。楽器本体を使わずにマウスピースだけでできる練習です。

腹圧を鍛えて変換効率を上げる

　息の変換効率が悪い人には、綺麗なディミヌエンドの練習が効果的です。マウスピースだけで行うと楽器の抵抗感という支えが無くなりますから、腹圧に関わるインナーマッスルをしっかり使うことになり、高い効果が望めます。まずは譜例1（track07）を聞いてみてください。

譜例1　track 07 CD

　マウスピースだけでディミヌエンドしていったときに、どれだけ最後まで音を残したまま我慢できるかというのがポイントです。Track07の参考演奏では少し空気の音を残していますが、できるだけこれを出さないようにしましょう。そのためには、自分の体の中を響かせることで抵抗感を作って腹圧をかけ続けなければいけません。

　この練習で空気の音が残ってしまう人は、実は楽器をつけていても同じことが起きています。その典型的な例は、pp（ピアニシモ）で吹こうとして息の音が混ざってしまう状態。つまりppのために"そーっと"吹こうとするから、腹圧をかけずに息のスピードを上げてしまうんです。しかし実際には腹圧をかけて少しの息の量で吹く必要があります。

力のいらないアンブシュアを作る

　また、こういった綺麗なディミヌエンドや変換効率の良さを実現するためには、アンブシュアが定まった状態でないといけません。唇は空気が漏れないように柔らかく密閉するだけで、腹圧をかけたら音が出る状態。そのアンブシュアがあって、初めてppの音を出すことができます。必要最小限の息と必要最小限のアンブシュアを実現するためには、こういったppの練習が効果的です。

クラシックとジャズの鳴らし方の違いを知る

　マウスピースの基準音はクラシックとジャズで異なるようです。クラシック・サックスの昔の教則本にはマウスピースで吹いた時の基準音はAだと書いてありました。そしてジャズのプレイヤーも一般的にはAで吹いていると思います。しかし、最近のクラシック業界では実音のCを基準にするという話を聞きます。問題なのは、どちらがいいかということではなく、どちらの音程感を選ぶかによって吹き方や鳴らし方、体の使い方がかなり変わってくるということです。実際に譜例2を吹いてみてください。

譜例2

　Cを基準にすると比較的楽に吹くことができますが、Aで吹こうとすると腹圧をかけて自分の身体で抵抗感を作らなければならなくなりますね。こういったマウスピースの鳴らし方の違いも楽器の鳴らし方に大きな影響を与えます。

　クラシックとジャズの鳴らし方、どちらでもいい音で鳴らせるように練習をすると、奏法に柔軟性が出てより一層効率の良い鳴らし方が身につきます。

> 息から音への変換効率は腹圧とアンブシュアで決まる
> 音程操作や音量操作で柔軟性を養おう

メソッド 16 安定した音程を作る方法

メソッド提供 >> 雲井雅人

サックスは音程のいい楽器ではありませんから、楽器の都合に振り回されている人も多いですね。ここでは自分で音程を作る方法を紹介しましょう。

音にベンドをかけられるようにする

まず、サックスという楽器はピアノやギターと違って、ただ吹くだけで正確な音程が出るものではないことをしっかり認識しておきましょう。サックスは作音楽器ですから、全ての音は自分で作らなければなりません。それはつまり、同じ指使いでも、口腔内によるコントロールだけで音が高くも低くもなってしまう不安定な楽器だということです。

そして、ピッチが悪い人の多くは自分で音程のコントロールをすることができないまま、楽器の構造や設計による音程のバラつきに振り回されて、音程が上がったり下がったりしてしまうのです。また音程のコントロールができない人は、高音域になるとアンブシュアを締め過ぎてしまってピッチが上がってしまう人がほとんどでしょう。

ですから、まずは自分でピッチ・コントロールをできるようになることが必要になります。そのためには半音から全音程度は口でベンド出来たほうがいいでしょう。しかもそれは息の圧力のかかった芯のある良い音のままで行えなければいけません。譜例1（track 08）のように練習してみましょう。

譜例1　track 08

倍音列を基音列の音程に合わせる

次は良い音程を選んで吹けるようになるための練習です。まずはどこの音域を基準に合わせていくべきなのか、その目安を紹介しましょう。

調整されているサックスであれば、大抵どこのメーカーでも基音列（オクターブ・キィを押さない音域）は音程が安定して合うような設計になっているものです。基音列に合わせてチューニングをして、音域が高くなって倍音列（オクターブ・キィを押す音域）に入っても、そのまま基音列の音程に合わせて吹くことができればいいのですが、多くの人は倍音列に入るとアンブシュアを締めて吹いてしまうために、音程が高くなってしまいます。その結果、そういった人の多くは倍音列のチューニングが合うようにマウスピースを抜いて合わせてしまうので、今度は正しいはずの基音列が低くなってしまうのです。

基本的なチューニングは、譜例2（track 09、10）のような基音列と倍音列の音域をまたがったアルペジオ（分散和音）がおすすめです。

track 09のように倍音列で音程が高くなってしまう人は、一つの指使いで出せるピッチの可変域から高い部分を選んで吹いているということです。

そういった場合は、最初の基音列の音を出す時から音程の高い部分を選ばないように吹いて、倍音列に入っても可変域の中で同様に気をつけて吹くようにすると安定した音で演奏することができます。もちろん、このメソッドで最初にお話しした芯のある音でベンドするという吹き方を忘れてはいけません。

> サックスの音程は自分で作るもの
> 息の圧力をかけたベンドで可変幅を広く取れるようにしよう

メソッド 17

メソッド提供 >> 高橋弥歩

音感を良くする方法

サックスは決して音程の良い楽器ではありませんが、イメージ次第である程度音程を変えることのできる楽器です。ここでは、サックスを演奏していると希薄になりがちな音程のイメージを作る方法を紹介します。

サックス演奏に必要なのは音感

　サックスを上手に演奏するために、一番鍛えた方がいいのは奏者自身の"音感"、言いかえると"歌"ともいえるでしょう。例えば鍵盤で1音弾いて、それと同じ音程を自分で歌って録音してみると、正しい音程で真っすぐ歌うことは案外難しいことだと気付けるはずです。

　サックスという楽器の特性上、第四線の「レ」が高くなりやすいなどの各音域の傾向は把握しておきたいところです。しかし、だからといって例えば1つのメロディを吹く時に"ここはちょっと高くなりやすいから口は緩めて、ここは低いから口を締めて"と歌心なしで口先だけで音程を取ろうとすると、フレーズとしてはちょっと不自然な感じになってしまいます。

　そこで、自分の練習したいフレーズを1音ずつ鍵盤で鳴らし、それを歌で合わせる練習をしてみましょう。サックスを吹く時と同じくらいの息の量、エネルギーでしっかり歌うと、楽器で演奏した時にも歌が音に反映されやすいです。自分の音感や歌という演奏の根幹になる指針ができると格段に安定した演奏に聴こえるようになります。

　演奏の前に実際に歌で音程をとって歌うというのは、アドリブ・ソロをとる際にもいい練習です。ぜひ練習に取り入れてください。

> 楽器の特性に合わせるのではなく音感を鍛えよう
> 歌で自然に正しい音程を取れると演奏も安定する

メソッド 18

メソッド提供 ≫ 福井健太

喉をリラックスさせる方法

楽器をしっかり鳴らそうと力一杯吹きこむことで、喉が締まっている人は少なくありません。ここでは楽器を吹きながら喉をリラックスさせる方法を紹介しましょう。

息の向きを変える

　まず最低音のB♭を豊かな音で吹いてみましょう。この時点で音が裏返ったりスムーズに出せない人は、"喉が締まった状態"です。

　そこで、裏返ったオクターブ上の音を伸ばしながら徐々に最低音に移行するように練習してみてください。うまくいったときの変化をよく観察すると、微妙に舌の位置を変えていることに気づくはずです。舌の変化は非常に小さくつかみづらいですから、"息の向きを変える"意識で行うといいでしょう。

　ここで一度楽器を持たずに息を上向きにして吹いてみてください。そしてそこからできるだけ息を下まで向けます。この下向きの息を出した状態の舌の位置で楽器を吹いてみると、とてもスムーズに演奏できるようになります。これが、"喉がリラックスした状態"です。喉が締まるというのは、実は舌の位置と口腔内の容積に問題があるために息が詰まった状態なのです。舌の位置を適正にしたことで息の通りが良くなり、喉をリラックスさせた状態になります。

　次にさまざまな音域に適した息の向きを実感してみましょう。楽器のベルにタオルを詰めてオーバートーンの練習をしてみてください。抵抗感が強くなったことで、口元のリードが大きく反応します。これでリラックスした喉と音域に適した息の向きを体感できれば、楽器を演奏するのがとても楽になります。

　下向きの息使いで舌の位置をとらえよう
　"喉が締まっている"は舌の位置が適正でない状態

第1章 基礎力アップ編

メソッド 19
スムーズな楽器の鳴らし方を習得する方法

メソッド提供 >> 雲井雅人

楽器を吹いているとすぐに息がなくなってしまうという人は少なくないでしょう。たくさん吸っているのに息がなくなってしまう人は、楽器を鳴らす効率が悪いのです。ここではスムーズに楽器を鳴らす方法を紹介します。

少しの量でスムーズに鳴らす

　息をたくさん吸っているのに、楽器を吹くとすぐに足りなくなってしまう人は、吹き込みすぎの可能性があります。初心者のうちは単純に呼吸量が少ないこともあり、息をたくさん吸うように指導をされることも多いと思います。"たくさん吸ってたくさん息を吹き込む"というと聞こえはいいのですが、これではあっという間に息が無くなってしまいます。

　ある程度、楽器を鳴らせるようになったら効率の良い鳴らし方を探しましょう。"少しの息でスムーズに鳴らす"というふうに考えてみるのです。しかし単純に息の量を減らしたのではよくありません。量を減らした分だけ何が必要になるかといえば、圧力です。息の量が少なくても、十分な圧力のかかった息であればしっかりと楽器を鳴らすことができます。言い換えれば、"高い気圧のかかった息を効率よく使って音を長く保たせる"ということです。

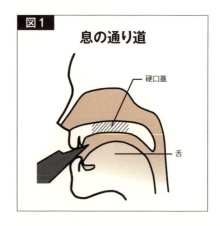

図1 息の通り道

硬口蓋と舌の間で気圧を高める

　マウスピースに入る息の気圧を高めるには、舌の位置をコントロールすることで口腔内の圧力を変える必要があります。左ページの図1をみてください。舌と硬口蓋との間に息の通り道があります。ここから舌の位置を高くすることで息の通り道を狭くして圧力を高めます。P54メソッド22「適切な舌の位置や形を理解する方法」で紹介しているように、口笛で高い音を吹く時をイメージして舌の位置を変えてみましょう。

　口腔内を狭くするために顎を閉じること、下唇が痛くなるほど顎でリードを押し上げること、それによってマウスピースの入り口を狭くし息の圧力が高まるような吹き方は避けなければいけません。

口腔内の圧力を感じる

　口腔内の圧力を感じるための簡単な方法があります。楽器を使わず声で「タ」と発音してみましょう。「タ」という音は、舌先が口の天井から離れる瞬間に発音されるわけですが、その発音直前の瞬間を観察してみてください。または「サ」と発音する時の舌の動きを同様に観察してみましょう。圧力がかかっていないと音は発生しませんし、発音の時は舌が離れる直前まで息の圧力がかかっているはずです。そのニュアンスで「スズズズ(Szzzz)」というように発音してみてください。こうすると舌と硬口蓋の間で生じる圧力が実感できます。

　この要領で楽器を吹くときにも口腔内の圧力を高めてみてください。息の圧力を感じるために「サ」でタンギングしてみるといいでしょう。これによって息の圧力を上げられるようになると、少ない息の量でもしっかりと楽器を鳴らすことができるようになります。

少量の息に気圧をかけて効率良く鳴らすようにしよう
息の圧力は舌の位置でコントロールできる

メソッド 20

メソッド提供 >> 上野耕平

低音域を安定して出す方法

サックスは低音域を出すのが難しい楽器ですから、苦手な人も多いのではないかと思います。しかし、息の使い方や意識を変えるだけでも低音域は出しやすくなるのです。ここでは低音域を安定して出すための練習法を紹介しましょう。

楽器の鳴るところまで息を送り届ける

　最初に知っておくべきことは、サックスは楽器の特性として低音域を出すのが苦手だということです。フルートやクラリネットといった他の木管楽器が円筒形の管体を持ち、ストレートに息を通しやすく低音域も出しやすいのに対して、サックスは管体が広がっていく円錐形の構造となっていて低音域に向かうに従って抵抗感が強くなる性質をもっています。

　しかし、決して低音域が出ないというわけではありません。管体に空いたトーンホールを塞ぐパッドの調整など、基本的な楽器の調整さえしっかりしていれば、息の使い方を変えるだけでかなりの部分を改善することができます。

　最初にお話しした通り、サックスは低音域に向かうにつれて抵抗感が強くなりますので、息にしっかりと圧力をかけなければ奥まで届きません。低音を安定して出せないという人は、楽器の奥まで息を届けられていない場合が多いです。サックスはキィを上から順番に閉じていくと当然管体の塞がっている部分が長くなりますが、その最後に閉じたところまで息が届かなければ音はしっかり鳴らないわけです。また低音域では当然楽器の鳴る範囲が長くなりますから、演奏する音域は楽器のどの部分から鳴るのか、つまりどこまで確実に息を送る必要があるのかをしっかりイメージして吹くようにしましょう。

ホースのように細く長い息

　また、楽器を吹くときはお腹で圧力をかけて息を送り出しますが、ただ圧力をかけただけで息が散ってしまって奥まで届きません。低音域を演奏するときはホースのように長く細くフォーカスした息を送るようにイメージしてみましょう（図1）。決して力んで吹き込みすぎないようにしてください。低音域を出すには、強くタンギングしたり、太い息を送り込もうとする必要もありません。リラックスして細く長い息をゆっくり吹くようにしてみましょう。

　また、息に圧力をかけていても音が暴れてしまうという人は、しっかり息がフォーカスできていない、あるいはタンギングが強すぎる可能性があります。そういった場合はタンギングをせず、さらに息を細くしてゆっくり管体に流し込んでいくイメージで練習してみてください。その他にも、口先を「ウ」のイメージにしてマウスピースを包むようにすると、唇の弾力性で低音域の暴れを抑えることができます。

　このようにしっかり息をフォーカスして圧力をかけることができるようになると、息の方向性もイメージしてコントロールできるようになります。息を真っ直ぐ吹くのか下向きに吹くのか、または先の曲がったストローのように口の中で息の角度を変えるのか、そういった息のイメージを持つだけでも音域や演奏の質に合わせてさまざまな表現の選択肢を持つことができるようになります。

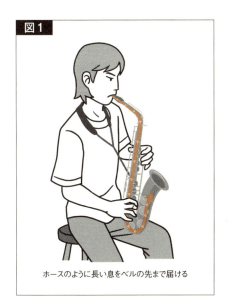

図1　ホースのように長い息をベルの先まで届ける

低音域には楽器の奥まで届く息使いが必要
息は細く長くゆっくりと吹きこもう

メソッド 21

メソッド提供 >> 中村均一

狙った音域で音を出す方法

低音域を出したいのに高音域が鳴ってしまう、または高音域を出したいのに低音域が鳴ってしまう。そういった人にはいくつかの原因が考えられます。ここでは必要なことをひとつずつ確認してみましょう。

音域が定まらない原因を整理する

　狙った音が出せずに、オクターブ下がってしまう、または上がってしまうという症状には、四つの原因が考えられます。それは楽器の調整、リードの硬さ、喉の位置(P092、メソッド42「レガートでの音の跳躍をスムーズにする方法」参照)そして楽器に息を吹き込む時の角度です。

　まず楽器の調整がしっかりしているでしょうか。サックスは繊細な楽器ですから、使っていてもいなくても気温や湿度の関係でパッドの塞がりが悪くなって、音が出しづらくなってしまいます。どんなサックスにも定期的な検査と調整が必要ですから、信頼のできる楽器店で確認してもらいましょう。また、オクターブ・キィのトーンホールに水が溜まっている場合もあります。

　そして、意外と多いのがリードの硬さが合っていない人です。リードが硬すぎると、高音域は抵抗があって吹きやすくても、低音域の抵抗が強くなりすぎて鳴らせないんです。同じ硬さの番手でも、何枚か試してみて高音域から低音域までバランスよく吹けるものを選んでください。

　調整もリードもしっかりしているのに低音が出ない、裏返って高い音ばかり出てしまうという場合は楽器に吹き込む息の角度をチェックしましょう。

　例えばフラジオなどの高い音が出ている状態であれば、そこの練習から始めましょう(P122、メソッド59「フラジオ音域に慣れる方法」参照)。どうしても低音域で高い音が出てしまう人は、マウスピースが口に入る角度が縦に鋭角すぎるのかもしれません。図1-❶のように少しずつ楽器を前に出してみて、マウスピースが口に入る角度を変えてみましょう。

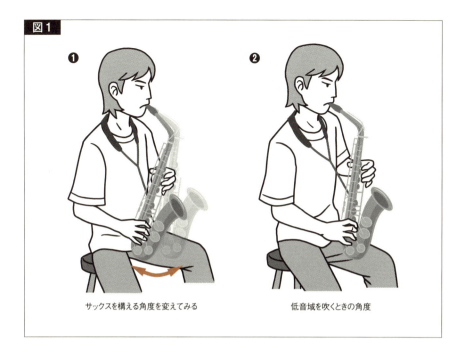

図1
❶ サックスを構える角度を変えてみる
❷ 低音域を吹くときの角度

　このように試してみると、息の角度と音域の関係が実感できるのではないでしょうか。自分の中で分度器のようなイメージを持って、"この角度ではこの音が出る"というのがつかめるように練習しましょう。
　楽器の角度と音域の関係が体感できるようになったら、この楽器の角度の違いを口の中で再現できるように試してみてください。例えばマウスピースの内壁の天井に当てるつもりで息を上向きに吹く、または左手親指のサムレストに当てるつもりで息を下向きに吹くなど、具体的なイメージを持つといいです。
　そして息の角度に加えて、顎の位置を引いたり出したりして唇がリードにあたる位置を変えてみると、リードの発音箇所も変えられるようになります。そうやって、自分の出したい音を任意に選べるように練習してみましょう。

> 音域が定まらない時は楽器の調整、リード、息の向きを確認
> 息の向きとリードの振動箇所による音域変化を認識しよう

メソッド 22

メソッド提供 >> 雲井雅人

適切な舌の位置や形を
理解する方法

舌の位置を認識してコントロールすることは、サックスを演奏する上でとても重要です。ここでは舌の位置が重要な理由と認識の方法、舌の位置を変える方法を紹介しましょう。

舌の位置や形は口笛と同じ

　普段楽器を吹いている時はあまり意識しないことですが、サックスを吹く時、舌は滑り台のように傾斜のついた形をしています(図1)。硬口蓋と舌の間で圧力のかかった息が舌先まで滑り出ていくイメージです。これは口笛を吹くときとほぼ同じ状態とも言えます。口笛を吹くときも舌の先端部分が下がっていて、舌の後ろの部分が高くなります。また舌の左右両端は奥歯に一部触れています。

　この状態で口笛を吹いて音域をコントロールしてみましょう。舌の高さを変えて音域をコントロールしているはずです。サックスでも同じように舌の形を変えることでさまざまな要素をコントロールしています。舌の後部を高い位置にすれば高い音や緊張感のある音を出しやすくなり、舌の後部を低い位置にすれば低い音や豊かな音が出しやすくなります。つまり音によって舌の位置も変わるわけです。サックスを吹くときも、口笛のように舌の位置を変えて音の高さやニュアンスを作りましょう。

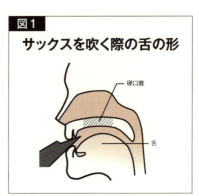

図1 サックスを吹く際の舌の形

舌の位置や形は口笛のようにコントロールしよう
音域や音色によって適切な舌の位置や形も変わる

メソッド 23

メソッド提供 » 雲井雅人

下唇を強く噛まずに
リードを自然に鳴らす方法

唇が痛くなるほど噛んで吹いている人は、リードの振動を止めています。豊かな音を出すために、また息から音への変換効率を良くして楽に演奏するためにも、噛んで吹く癖をなくしましょう。ここでは、リードを自然に鳴らす方法を紹介します。

下唇はリードと一緒に振動する

　サックスを吹いていて唇が痛くなってしまう人は、リードだけを鳴らそうとして下の歯で唇を噛んでいるのだと思います。しかしサックスを演奏する際には、下唇は柔らかい状態でリードと一緒に振動しているべきです。

　どうしても噛んでしまう人は、一度リードの先端が100％下唇と接している状態（図1）にしてみてください。この状態では噛んでいると音が鳴りません。

　この状態で、"ここまで緩めていいのか"と思うほど、顎と唇を緩めて吹いてみましょう。これはサブトーンの奏法とも同じです。リードが唇に全面的に触れた状態でも、噛まなければ唇が一緒に振動しますから、音は出るのです。もちろんこの状態ではくわえ方が浅いでしょうから、少しずつ口に入れる範囲を増やして、最もいい状態を探してください。リードと唇をフリーにしておいて、リードの生の振動を唇で感じながら、同時にうまく吸収して鳴らすのがコツです。

図1　リードの先端が下唇と接する状態

- リードの先端が唇に触れていても音が鳴るようにしよう
- 想像を超えるほど顎と唇を緩めて吹いてみよう

メソッド 24

メソッド提供 >> 織田浩司

客観視で練習の効率を上げる方法

地道に練習をしていても思うように上達しないと感じる人も多いでしょう。それはもしかしたら、自分をしっかり見て練習していないからかもしれません。ここでは自分を客観的に見ることで効率よく練習する方法を紹介しましょう。

窓を向いて練習する

　自分が普段どういう姿で演奏しているかを見たことがある人は少ないと思います。しかし、"自分を見る"ということはとても大切なことです。

　譜面に夢中になると無意識に力んでしまう、不自然な姿勢になる、リズムの取り方がカッコ悪くなるなど、自分を客観的に見ることで異変に気づくことはたくさんあります。また、自分の姿を見ながら音を聴くことで"他人が演奏しているのを聴くように"自分の演奏を冷静に判断できます。ですから、そういった環境があるだけでも、練習の効率は格段に上がります。

　部屋の中で練習する時は壁ではなく窓を向いて練習するようにしましょう。ほんの少しでも自分の姿が映ると意識が変わります。または、手鏡でもなんでもいいので反射するものを自分の前に置いて練習してみてください。理想は、体全体が映せる姿見の鏡です。

　ちなみにプロの使うリハーサル・スタジオは、たいてい壁の片面が鏡張りになっています。これは演奏だけでなく振り付けまで含めて、常に人から見られる仕事をするプロならではという設備ですが、自分を物理的に客観視することがどれだけ重要なことかを理解してもらえると思います。

自分を客観的に見ることで異変に気づく
自分の姿や音を観察することで冷静に判断できる

メソッド 25　　　　　　　　　　　メソッド提供 >> 福井健太

練習の効率を上げる方法

楽器の腕前というのは、繰り返し練習をすれば自然に上達するというほど単純なものではありません。できないことにはそれ相応の理由があります。ここでは練習の効率を上げるためにできない理由を見つける方法を紹介しましょう。

できない理由を考える

　例えば、"高音域や低音域で音が潰れる、ちゃんと鳴らない"という悩みを抱えている人に、"ロングトーンの練習をしましょう"とだけ言うのはかなり乱暴なアドバイスです。やみくもに練習するだけでは良くない癖が助長されてしまうこともありますから、自分に足りない要素を正しく知ることが重要です。

　そういった理由から、僕が練習以前に大事だと思うのは"できない理由を見つける"そして"楽器の仕組みを理解する"ことです。まずできない原因を見つけて、なぜそれができないのか楽器の構造や仕組みを考えます。そして、それを改善するための方法を考えて何度も練習するのです。

　まずは見た目で著しくおかしな吹き方をしていないかを見てみましょう。見てわかるほどに不自然な姿勢やくわえ方で吹いていたらちゃんと吹くことができません。次に大事なのは道具。意外とマウスピースとリードが適切な関係になっていない人が多いように思います。マウスピースに対してリードが柔らかすぎる、硬すぎるなど、マウスピースとリードの関係が適正なバランスでないと、いくら良い吹き方をしても満足に吹くことはできません。

　セッティング、客観的に見える吹き方、楽器の調整、運指、奏法、さまざまな要素を整理して、練習する内容を考えましょう。

自分ができない理由と楽器の仕組みを考えよう
演奏の質に関わるさまざまな要素を整理してみよう

メソッド 26

メソッド提供 >> 福井健太

基本的な奏法を
セルフチェックする方法

どうしても吹き方が安定しないという人は、吹き方を自分でチェックしてみましょう。実は、たいていの場合は構え方や楽器の向きなどを変えるだけでバランスが取れるようになります。

体と楽器の向きが大切

　自分の構え方や奏法に不自然なところがないか、下記のチェック・ポイントを確認してみてください。自分の姿を鏡で見ると特にわかりやすいでしょう。

● チェック・ポイント１　マウスピースのくわえ方
　マウスピースをくわえる位置が適正か、深すぎ、または浅すぎないか
● チェック・ポイント２　ストラップの長さ
　ネック・ストラップの位置が適正か、高すぎ、または低すぎないか
● チェック・ポイント３　顔の正面から見たマウスピースの角度
　リードと下の歯が平行になっているか、斜めにくわえていないか
● チェック・ポイント４　体の正面に対する楽器の向き
　楽器やネックの角度（左右の回し加減）が適正か、姿勢は不自然でないか

　上記の中で特に見落とされやすいのは４です。ここでは４に絞って正しい構え方を紹介しましょう。
　ネックの接合部を見ると回転するようになっています。これは組み立てのためだけに分離・回転するのではなく、自分の都合に合わせて角度を変えてよいものなのです。ここには位置や角度の決まりはありません。自分にとって一番安定する方法で持つようにしましょう。
　また、楽器を体の真正面に構えた場合と楽器を体の横に構えた場合では、ネックやマウスピースの角度も異なります。図1-❶から1-❹のように確認しながら、楽に構えられる方法を探しましょう。

体の正面にCキィを持ってくる

　楽器の向きが定まらない人は、自分が向きたい方向に管体真ん中のCキィが来るように楽器を向けると、姿勢と楽器が安定しやすくなります。左手の親指と左手中指で押すCキィが真正面になるように体と楽器の正面を決めてから、ネックを顔の正面に合わせましょう。

図1

❶ 体の正面で構える
左手が体の正面に来て安定している

❷ そのまま体の横で構える
顔と上半身を楽器に合わせているため演奏しづらい

❸ ネックを自分の正面に合わせる
左手で楽器を体の正面に構えて、右手でネックを顔の正面に合わせる

❹ 体の横で構える
左手は体の正面で楽器を保持し、ネックは顔の正面にある

演奏しやすい構え方のチェック・ポイントを知っておこう
顔や体、ネックや管体が正面を向くように構えよう

メソッド 27
親指の痛みや手の力みを取り除く方法

メソッド提供 >> 福井健太

楽器を吹いているだけで手や指が痛くなってしまうという人は多くいます。おそらく無意識のうちに手に力が入っていたり、無理な姿勢で楽器を持っているのが原因でしょう。ここでは余計な負荷を取り除いて、効率よく手を動かす方法を紹介します。

親指を離して楽器をつかめなくする

　指が痛む人や手の力みがとれない人は、指に余計な負荷がかかっている状態です。そこで一度、親指を楽器から離して吹いてみましょう（図1）。左手がオクターブ・キィを押せないので演奏できる音域は限られますが、この状態でスケールやアルペジオができるか確かめてみてください。

　これでしっかり演奏ができない、楽器がふらつくという人は、ストラップの長さや楽器の角度、姿勢などの関係で楽器が安定していない状態です。そのため普段から親指で楽器を押し出したり持ち上げたり、楽器の向きを変えたりして余計な力を使っているのです。これでは親指に力が入ってしまい、常に手が力んだ状態で指を痛めてしまいます。

　これは手が楽器を過剰にコントロールしようとして"握る"という動作をしているために起きることです。楽器はストラップから下げるだけでちょうどいい場所にくるようにしなければいけません。手は楽器に添えるだけ、キィを押すのは指の力だけでいいのです。親指が楽器から離れていると、握ることができないため、指の力だけで楽にコントロールする練習ができます。

図1

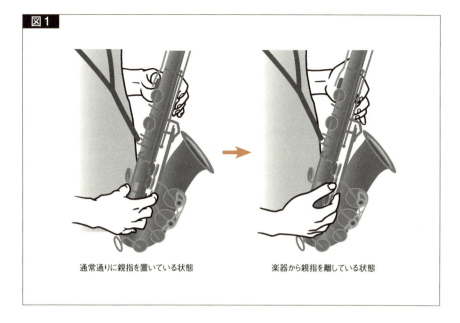

通常通りに親指を置いている状態 　　　楽器から親指を離している状態

指のストロークを小さくする

　握るのを止めようとしてもうまくいかない、手の力みが取れないという人は指のストロークが大きくなっている場合が多いです。指の振り幅を大きくして"握る"と"離す"を力強く繰り返しても、指が力んでしまうばかりで速く動くようにはなりません。

　この場合は、指をキィの指貝から離さないようにしてみましょう。常に指貝に触れている状態をキープするのです。こうすることで、キィの可動幅のみ指を動かせばいいことになります。先ほどの"親指を楽器から離す"方法で握る動作をやめた後なら、手の動作を最小限にしても指だけでキィを押せるようになっているはずです。

親指を楽器から離すと余計な力が抜ける
指のストロークを小さくして最小限の力で操作しよう

メソッド 28

メソッド提供 >> ひび則彦

アンブシュアを鍛える方法

サックスを演奏するためには安定したアンブシュアが欠かせませんが、それを支えるのに十分な筋肉を鍛えるには時間がかかるものです。サックスの練習時間を取れない人のために、日常的にアンブシュアを鍛える方法を紹介しましょう。

普段使われない表情筋を重点的に使う

　アンブシュアを鍛えるには色んな方法があると思いますが、僕が試してきた中で最も効果的だと感じたのは、顔の表情筋の中でも口輪筋の口角部分に緊張と緩和を促すようなエクササイズを繰り返し行うことです。

　というのも、顎で挟む上下の力が日常的に使われていて充分なのに対し、口角を外から内に締める横の筋肉は使われないため弱いままなのです。そこをエクササイズで重点的に鍛えることで全体のバランスを良くするのが目的です。

　右の図1を見てください。どんなエクササイズかというと、具体的には「ウーイーウーイー」とはっきり口を動かすことです。「ウー」が緩和で「イー」が緊張。この動作は声を出さずに行いましょう。「ウーイー」を1回としてカウントし、50回で1セットとします。少しインターバルを置いてこれを3セット、合計150回行ってください。このエクササイズを行うと、口の回りがモワーっと疲れてくると思います。この疲れてくる部分とサックスの演奏でアンブシュアを支えるために働く部分が、僕は同じだと思っています。

　このエクササイズは、僕のレッスンでも必ず終わりに行っているものです。というのも、レッスンの前に行うとこれだけで口がバテてしまうんです。それぐらいかなりの疲労がありますから、これを二週間ほど続けてもらえばきっと効果が実感できると思います。

　このエクササイズは初心者だけでなく、社会人などの一週間に一度しか楽器が吹けないような方にも効果がありますから、ぜひ試してみてください。

アンブシュアの耐久力を試す

　エクササイズでアンブシュアを支える筋力を鍛えたら、その使い方もしっかり確認しましょう。僕が教えているアンブシュアはシン・リップ（下の歯の上に薄く下唇を被せる方法）が基準ですが、通常のシン・リップと違い下唇が厚くなるようにしています。しかし、よく言われるファット・リップのように完全に唇を突き出しているわけではないのです。

　図2を見てください。口角を軽く中央に寄せて、下唇が一番厚くなった状態から軽く唇を下の歯の上に乗せるようにします。そして軽く乗せた唇の中央、厚い部分を自分の指で上から軽く押します。指で押しても唇に歯が食い込まないくらい、口角が内側に締まっていて下唇に厚みと弾力があるような状態が理想です。これができれば充分な筋力があると言えます。

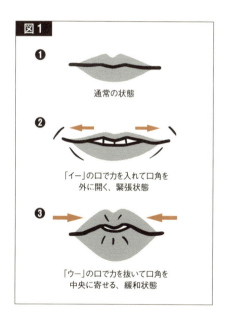

図1
① 通常の状態
② 「イー」の口で力を入れて口角を外に開く、緊張状態
③ 「ウー」の口で力を抜いて口角を中央に寄せる、緩和状態

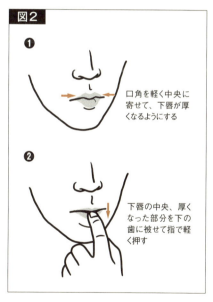

図2
① 口角を軽く中央に寄せて、下唇が厚くなるようにする
② 下唇の中央、厚くなった部分を下の歯に被せて指で軽く押す

口角周辺を鍛えることで口輪筋全体のバランスがよくなる　口角を中央に寄せて下唇に充分なクッションを作ろう

メソッド 29

メソッド提供 >> 中村有里

多様な指導に対応する方法

この本を読んでもわかるように、教え方は指導者によってさまざまです。多くの先生から指導を受けた経験のある人もいるかもしれませんが、多様な指導に対してどう望めばいいのでしょうか。ここでは私の体験から方法を紹介したいと思います。

こだわりのポイントを見つける

　これは一般的に言えることだと思いますが、サックス・プレイヤーの中には道具にこだわる人と、あまりこだわらない人がいます。それと同様に、指導者にもセッティング（マウスピースやリード、リガチャー）の選択に厳しい人や、特に決まりを設けない人がいます。セッティングと奏法には密接な関係がありますから、指導者の中には自分の奏法を伝えるために必要な"推奨セッティング"を決めている人もいます。

　また"譜面をどう解釈して演奏するか"という、サックスのエチュードや有名曲の演奏の作法に特化してレッスンをする人もいれば、音楽表現や音色の選択といった音楽性に重きを置いた指導をする人もいます。

　ここで重要なのは、レッスン内容が指導者の"関心の強い事柄"によってある程度の影響を受けていて、その方向性は一人一人異なるということです。レッスンから多くのことを得るためには、自分がどういったタイプの指導者にレッスンを受けているのか、また何を中心に見られているのかを、理解しておいたほうがいいでしょう。

指導の対象と理由を考える

　レッスンの中では、自分の苦手なところを指摘されると思います。その場合、まずは指摘を受けた内容と理由を考えてみましょう。

●指導の対象を考える
　指摘されるところは、先生だけでなく他の誰かから見ても気になるところであるはずですから、客観的に見て直すべき自分の癖とも言えるでしょう。

●指導の理由を考える
　自分の癖は技術からくる"奏法の問題"なのか、音楽的な素養による"表現の問題"なのか。あるいは、先生の奏法と異なった作法で行っているために指摘されている"作法の問題"なのか、よく考えてみるべきです。

自分に必要なものを吸収する

　多くの先生から指導を受けているうちに、自分の演奏が何か、何が正しいのかわからなくなってしまう人もいるかもしれません。しかし、先生の指導を十分に理解しないまま受け入れ、真似だけをしていたら、自分は先生のコピーにしかなりません。指導を受ける際はまずは指摘されたことをすべて身につけ、その上で自分なりの解釈を乗せて表現するようにしてみましょう。演奏楽曲に対する解釈のバリエーションを多く持ち、その中から選択したり応用したりできるようになると良いと思います。

　私自身も、これまでに多くの先生に指導をいただく中で、たくさんのことを吸収させていただけたと思っています。楽器のセッティングやサックスの構造上の特性、サックスの奏法、音楽の表現、さまざまな内容を多角的に学ぶうちに、自然と自分なりのバランスで組み合わせられるようになると思います。またこの本を読む際にも、そういった視点が活用できると思います。

> 先生の傾向から指導内容を深く理解しよう
> 自分の問題点以外に自分の求める要素を考えよう

第2章 テクニック強化編

基本的な奏法を学んだ後はテクニックの向上を目指しましょう。効率の良いフィンガリングや各種のタンギング、特殊奏法を身につけることができれば、さまざまなジャンルで活躍できるはずです。中には難しいものもあると思いますが、何度でもチャレンジしてください。

メソッド 30 ダブル・タンギングを習得する方法

メソッド提供 >> 上野耕平

ダブル・タンギングは苦手な人も多く、比較的難易度の高いテクニックかもしれませんが、コツさえつかめば意外と簡単にできるものです。ここではダブル・タンギングに必要な要素を効果的に練習する方法を紹介しましょう。

「トゥ」と「ク」のバラつきをなくす

　シングル・タンギングが通常「トゥトゥトゥトゥ」と発音されるのに対して、ダブル・タンギングを行うときは「トゥクトゥク」と発音します。この時に「トゥ」と「ク」の両方で同じ質感の発音ができればいいのですが、普段から使っている「トゥ」のタンギングに比べて「ク」のタンギングは弱くなりがちです。ですから、まずは「ク」のタンギングだけを取り出して練習しましょう。「ク」のタンギングに慣れないうちは「ック！」となるようにしっかり息の圧力をかけて発音するといいでしょう。譜例1（track 11）のように練習してみてください。

譜例1　track 11

　「ク」のタンギングのときは音のお尻がフニャッとしがちですから、単体でできるだけ綺麗に鳴らせるように練習しましょう。舌を速く動かすには、舌に力を入れずに息の圧力に乗せてコントロールすることが重要です。

　僕も「ク」のタンギングのときは、お腹から空気砲を放つようなイメージを持つようにしています。「ク」のタンギングの際に顎が動いてしまうと発音がブレてしまって綺麗になりませんから（図1-❶）、タンギングは舌で行い、首から顎はしっかりと固定して空気砲の砲台となるようにしましょう（図1-❷）。

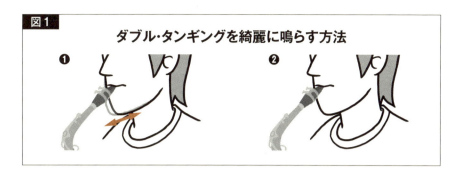

「トゥ」と「ク」をスムーズにつなげる

　「ク」のタンギングがうまく鳴らせるようになったら、次は「トゥ」と「ク」をスムーズにつなげる練習をしましょう。「トゥ」の発音が舌先で行われるのに対して「ク」の発音は舌の奥で行いますから、慣れないとどうしても音の繋がりが悪く引っかかったように聞こえてしまいます。そんなときは「ドゥグドゥグ」と発音すると、舌の力みが取れて音のつながりがスムーズになります。

譜例2　　track 12 CD

　ダブル・タンギングの練習には息の圧力が必要になるので、基本的な練習は*f*（フォルテ）で行うべきですが、実際にはp（ピアノ）での演奏が求められることもあります。例えば、弦楽を編曲したサックス・アンサンブルなどでバイオリンのトレモロ奏法を再現するケースなどです。この場合は息の圧力を落とさず音量を下げるため、脱力してサブトーン気味の音色で吹くことになり、タンギングもピアノで行うことになります。ダブル・タンギングに慣れてきたら、こうした柔軟なコントロールもできるようになることを目指しましょう。

> ダブル・タンギングは「ク」の発音が重要
> 息の圧力と舌の奥の使い方で上手くコントロールしよう

メソッド 31 サブトーンを習得する方法

メソッド提供 >> ひび則彦

みなさんはサブトーンという言葉を聞いたことはありますか？ これは音色を表す言葉です。どんな音がするのか、どうやって出すのか、ここで紹介していきます。

サブトーンはかすれた音

ジャズの演奏では音色を変えるためによくサブトーンを使います。まずはサブトーンがどんな音か理解することが重要ですから、付属CDで音源を聴いてみましょう。譜例1（track13）は通常の音色（リアルトーン）で、譜例2（track14）はサブトーンで演奏したものです。

違いがわかったでしょうか。サブトーンは息の割合が多く、ちょっとかすれた音になりますね。サブトーンの音色はソから下の方が出しやすいので、練習には譜例のようにソから下降するのがいいでしょう。サブトーンのコツは、下唇のリラックスにあります。顎を引いてリードの先端部分に触れながら少しミュートするような感じで練習してみましょう。

割合のコントロールで音色にグラデーションをつける

サブトーンを出せるようになったら、今度はリアルトーンとサブトーンのグラデーションをコントロールする練習をしてみましょう。一口にサブトーンと言っても割合は様々です。譜例3（track15）では、だんだんとサブトーンの割合を増やしています。

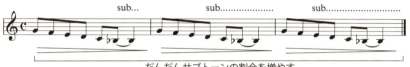

だんだんサブトーンの割合を増やす

サブトーンで演奏できるバリエーションを増やすことで、自分の耳がコントロールに敏感になりますから、音色に対する耳も飛躍的に良くなります。自分の音色の基準となる割合（リアルトーン：サブトーン）を常に考えながらロングトーンをすることで音色の向上や統一感のある音色作りにも役立つと思います。リアルトーンでのロングトーンとサブトーンでのロングトーンを両方やってみるのもいいでしょう。

> サブトーンは息の割合の多いかすれた音
> 音色にグラデーションをつけて表現力を高めよう

メソッド 32

メソッド提供 >> ひび則彦

ハーフ・タンギングを習得する方法

クラシックからジャズ／ポップス系の演奏に移行するときに、最も重要なテクニックはタンギングだと思います。中でも、ハーフ・タンギングとジャズ・アタックはジャズ／ポップスの演奏に欠かせません。ここではその練習法を紹介しましょう。

リードの先端を半分舌で塞ぐようにして音を出す

"ハーフ・タンギング"とは、その名の通りリードの半分を鳴らす奏法です。具体的には舌でリードの先端の半分(右か左で押さえやすいところ)を押さえた状態(タンギング)で息を入れて発音します。まずは譜例1 (track16)を聴いてイメージを作りましょう。

譜例1　　　　　　　　　　　　　　　　　　　　　　track 16 CD

ハーフ・タンギングのニュアンスをつかむには、まず通常通り音を鳴らした状態から、ゆっくりと舌でリードの半分を押さえてみることです。最初はくすぐったいものですが、じきに慣れますのでためらわず塞ぎましょう。ちなみに僕自身はリードの先端の右半分に舌を当てるつもりでタンギングをしています。

ハーフ・タンギングに慣れてきたら、舌で押さえるリードの面積を少しずつ変えてみましょう。僕は、細かいフレーズでは触れる面積を少なくしたり、ゆっくりのフレーズでは右半分を完全に塞いだりと、リードに触れる面積もフレーズやテンポ、表現に合わせて変えています。

ハーフ・タンギングを応用したジャズ・アタック

　ハーフ・タンギングの目的は、特定の音を小さくすることではなく、音を小さくしたことによりその前後の音を強調することです。そして、ハーフ・タンギングを応用してリードを多めに押さえた状態から、舌を離すことで一気に息の流れを解放し、ハッキリとした輪郭と瞬発力を備えた音を発することで、特に音の出だしにアクセントをつけたい時に有効な表現"ジャズ・アタック"が可能になります。譜例2（track17）で確認してみましょう。

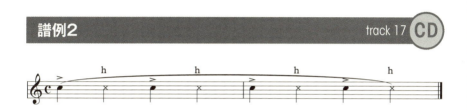

　ジャズやポップスを演奏しようとしてタンギングを強くつけすぎている演奏がよくありますが、ジャズ・アタックはタンギングで強くリードをはじくのではなく、舌でリードを閉じたことで口の中で圧縮された空気が、リードから舌を離した瞬間に飛び出し、リードを強くしならせた時に起きる音です。
　こういった表現は吹奏楽やクラシックでは使われないので馴染みがないかもしれませんが、ジャズやポップスを演奏する上では非常に重要な奏法です。これを習得すれば、一気に演奏がカッコよくなると思います。

　ハーフ・タンギングを習得して音符に抑揚をつけよう
　アクセントはジャズ・アタックで表現しよう

メソッド 33 ゴースト・ノートを習得する方法

メソッド提供 >> ひび則彦

ジャズの特徴として、大きい音はより大きく、小さい音はより小さくすることが挙げられます。特に小さい音ではゴースト・ノートと呼ばれる表現を用いますが、クラシックや吹奏楽では一般的に使わないものですので、ここで紹介しましょう。

ゴースト・ノートで音をデフォルメする

　ゴースト・ノートはジャズに欠かせない表現方法です。小さい音を表現するときには、ただ音を小さくするだけでなく、意図的にリードをミュートすることで通常の音との落差を作り、よりリズミックに音楽を聞かせることができます。また、ゴースト・ノートは"音をノむ"という表現もされるので、覚えておきましょう。
　まずゴースト・ノートは大きく分けて下記の2つがあります。

● ハーフ・タンギングで音を小さくする方法
● サブトーンで音を小さくする方法

　選択する表現方法によって聞こえ方も変わってきますから、どうやってゴースト・ノートを出すとどんなふうに聞こえるのかを理解することが重要です。まずは下記の譜例1（track 18）を聞いてみてください。

譜例1　track 18 CD

前半の2回はサブトーン、後半の2回がハーフ・タンギングです。

ゴースト・ノートの表現を研究する

　サブトーンの方は舌を使っておらず、顎を引くことで音色を変えているので、音が途切れずフレーズがスムーズに繋がります。

　それに対して、ハーフ・タンギングでは舌でミュートしているので音が詰まったようなノイズ感があり、ハーフ・タンギングを解除した時には音がハッキリ立ち上がるのが特徴です。

　このように表現方法によるゴースト・ノートの聴こえ方の違いを理解した上で、真似したいプレイヤーの音源などを聴いて分析してみましょう。そして、演奏するテンポやフレーズに合う表現はどんなものかを考えてゴースト・ノートの表現方法を決めるといいでしょう。使われているのはハーフ・タンギングなのか、サブトーンなのか、音源を聴いてそれを見極めるだけでも十分な勉強になると思います。

　この他にも、特殊な奏法を使わずにただ音量を下げただけで、そこに音があるかのように吹いている場合もあります。

　"ジャズは対話の音楽だ"とよく言われますが、ゴースト・ノートも話し方の癖のようなものです。一口にゴースト・ノートと言っても多様な表現方法がありますので、いろんなパターンを試して使えるようにしてみてください。

ゴースト・ノートの表現は多種多用
他の人の演奏を聞いて真似することで表現を増やそう

メソッド 34

メソッド提供 >> 彦坂眞一郎

綺麗なビブラートを作る方法

綺麗なビブラートを作るには、曖昧になっている認識（基準となるピッチがどこかということ）を改める必要があります。ここで紹介する理解の手引きを知識として納得してしまわず、自分でも実際に何が起こっているか調べてみましょう。

ビブラートは上にかける

　ここではポピュラーな波のパターン（フルート、オーボエ、声楽などと逆）を解説します。人によってはこれと逆のことが起こっていることもあります。
　ビブラートをかける際に、一回の波の中で一番大きく豊かな音になる瞬間はいつかを調べてみると、顎や舌を動かしたときに口の中の容積が広くなる瞬間、つまりピッチが低いところにある瞬間ということがわかります。それは、ビブラートを表現するために顎の動きや舌の動きでピッチを変えていることが関係しています。また一般的に、人は大きな音のするところを基準のピッチととらえます。これらの理由から、拍の頭では基準となる音程で豊かな音を吹き、そこからピッチを上げる方に揺らすことで聴感上安定したビブラートになります。つまり、綺麗なビブラートを作るには、拍の頭ではビブラートをかけないときの基準となるピッチ（ビブラートの際に最も音が低くなるピッチ）で始め、高い方にピッチを変えて波を作ることが大切です（図1）。

図1

綺麗なビブラート
基準となる音（横線）より高いところに
ビブラート（波）がかかるイメージ

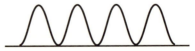

綺麗なビブラートは基準のピッチの上にかかる
基準のピッチが拍の頭に来るとビブラートが安定する

メソッド 35

メソッド提供 >> 福井健太

フィンガリングを良くする方法

フィンガリングがうまくいかない人には、楽器の持ち方が不自然なためフィンガリングに悪影響が出ている場合が少なくありません。ここでは手の置き方でフィンガリングを良くする方法を紹介しましょう。

小指を曲げて手首を下げる

楽器を構える時に左手の手首が上がってしまう人がいます（図1-❶）。このパターンの人は、テーブル・キィの操作のために小指を伸ばした状態にしているのかもしれませんが、手首に負担がかかるため早いフィンガリングが苦手な人が多いです。そういった人は手首の負担を軽くするため、次第に肘から手首までを上げるようになります。しかし、そうすると今度は肩に力が入ってしまうので結局うまくいかないのです。この場合、手を丸くして左手の小指を曲げることで手首を下げることができます（図1-❷）。すると手首の負担がなくなって自然に構えることができるので、自由に指が動くようになります。

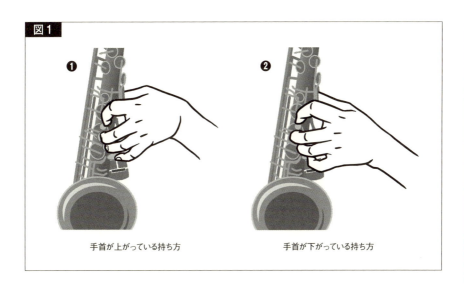

図1
❶ 手首が上がっている持ち方
❷ 手首が下がっている持ち方

ペットボトルを握る

　手首を内側に曲げて負担をかけている人も多くいます。そういう人は、親指の付け根がサムレストから落ちた不安定な状態であるために、指の腹で楽器を支えようとして手首を内向きに曲げる形になっています（図2-❶）。

　ここではペットボトルを使ってサックスの構え方を作ってみましょう。例えば、ペットボトルを握るように（図2-❷）手の全体を使って柔らかくサックスを持つと、手のカーブが楽器にフィットすることで自然に構えることができます（図2-❸）。この持ち方が一番安定していて、指を動かしやすい持ち方です。前述のような手首を曲げた持ち方をペットボトルで再現すると、指の腹の一部でつかもうとするため接地面が少なく非常に不安定な持ち方になります（図2-❹）。

　また、ここから左手ハイDキィを操作するときも、指や手でキィを押そうとすると手首が曲がって図2-❶のような不自然な形になりやすいですから、手首を下げるようにして人差し指の付け根をキィに当てて操作しましょう。

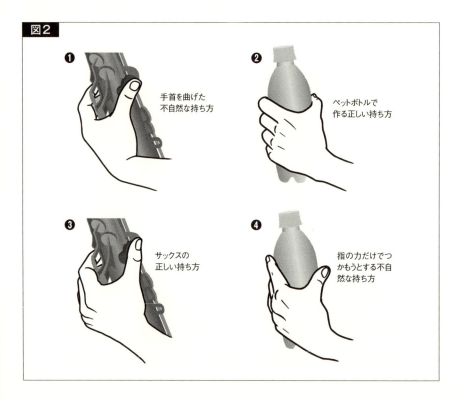

図2
❶ 手首を曲げた不自然な持ち方
❷ ペットボトルで作る正しい持ち方
❸ サックスの正しい持ち方
❹ 指の力だけでつかもうとする不自然な持ち方

サムフックには指をかけない

　右手に関しては、サムフックに親指をかけることで関節部分にタコができたり親指の付け根を痛めてしまう人が多いです。サムフックが指をかけられる形状になっているため無意識に引っ掛けようとしてしまうのですが、フックにはかけずに楽器に触れて"支えるだけ"という意識で持ってみましょう。

　また、サムフックに親指をかけるとキィが遠くなるため、フックの少し下の部分を持つのも良いと思います。TaキィがフックとFキィの中間に来るような位置が理想的です（図3-❶）。さらに、その状態で親指の腹を支点に手首を内側に返してみてください。指先でなく人差し指の付け根辺りでハイEキィを操作できるとちょうどいいです（図3-❷）。このキィの操作時は僕もサムフックに軽く触れていますが、もし親指がフックに当たって痛いようなら、サムフックの位置が自分に合っていないかもしれません。たいていの楽器は10円玉でフックの留めネジを回すことができるので、適宜調整してみるといいでしょう。

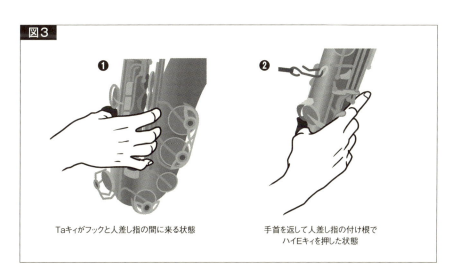

図3
❶ Taキィがフックと人差し指の間に来る状態
❷ 手首を返して人差し指の付け根でハイEキィを押した状態

手首を曲げずに手の丸みを生かして楽器を持とう
不自然な持ち方は運指を妨げると同時に手を痛める

メソッド 36

メソッド提供 >> 彦坂眞一郎

効果的に運指を速くする方法

サックスは他の木管楽器に比べて比較的運指が簡単ですから、自然と難しいフレーズも多く出てくる楽器です。運指を速く正確にしたいという人は多いでしょう。ここでは基本的な指の運動能力を上げる方法を紹介します。

叩くように押し、跳ね上げるように離す

　指が速く動かない人は、指の運動能力を鍛えるトレーニングするといいでしょう。僕が勧めているのは、指のストロークを大きくして"キィを叩くように押し、指を跳ね上げるように離すこと"です。この時、指の関節は常に曲げたままキープすることが大切です。

　こうすることで指を素早く動かすことが意識できます。十分なテクニックがないまま狭い範囲で素早く動かすというのは大変難しいことですから、早い段階で指をキィから離さないように練習するのは、逆効果です。テクニックと指の運動感覚が身につくまでは、こういった基礎的な指のトレーニングをしてください。

　それに加えて"指でキィを叩いた、または離したときの管体の音を聴く"ということも強く意識してみてください。キィを叩くだけでなく離すことでも管体が振動しますから、わずかながら音が聴こえます。サックス本体の音はキィの操作が切り替わった瞬間に決まってしまうので、指を動かす感覚とキィの切り替わる速度、耳に入る楽器の音を擦り合わせて、自分と楽器の時間差をつかんでいきましょう。

　そして本番では指のストロークを小さくして演奏するようにします。前述したようにストロークの幅をとって練習することで瞬発性と正確さを身につけていれば、ストロークを小さくすることでより速く正確に動作できるようになります。

サックスの構造を認識する

　僕が"指でキィを叩くように""指を跳ね上げるように"と指導しているのは、楽器の構造上の理由もあります。

　例えば「ソ」と「ラ」の運指を例に見てみると、「ラ」の音からGのキィをしっかり押さえたときに初めて「ソ」の音になりますが、「ソ」から「ラ」になる瞬間はGキィを離しきったときではありません。Gキィが少しでも開いたその瞬間から、サックスの音は「ラ」の音に変わってしまうのです。

　しかも少し開いた段階で完全に「ラ」の音程に切り替わるわけではありません。キィが開ききるまでの中間部の音程は不安定なままですから、指の動きが遅くなれば必然的に音の切り替わりが甘くなって曖昧になってしまいます。

　つまり、キィを押さえきる瞬間と同様に離し始めるその瞬間をリズムとして認識しなければ、キィのシステムによるタイムラグが生じてしまうということです。

キィの押さえ方で音が変わる

　一般的には知られていませんが、指の押さえ方によっても音が変わります。最近のフランスでは指でキィを叩く音を立てずにフワッと押さえることが多いので、音の立ち上がりもフワッとした感触になる傾向があります。日本でもそのように演奏する奏者も多いのですが、僕の場合、音の粒立ちをはっきりさせたい時などは逆にしっかりと押さえてカッチリした音を出すようにすることも多いです。

　運指の方法だけでも相当表現が変わりますから、運指の方法も"フワっと"と"カッチリ"のどっちかだけではなく、選択肢を持った上で音楽に合わせて選ぶべきでしょう。

指を大きなストロークで素早く動かす経験と感覚が必要
運指の速度や押さえ方で表現や音程も変わる

メソッド37 複雑な運指を効率化する方法

メソッド提供 >> 田中靖人

サックスに限らず、管楽器では調号に♯や♭がつくごとに運指が複雑になり、音階を滑らかに繋げるのが難しくなってきます。ここでは幾つかの音階で使える運指のコツを紹介しましょう。

クロス・フィンガリングを避ける指使い

運指の苦手な人がつまずきやすい指使いに"クロス・フィンガリング"と呼ばれるものがあります。これは隣り合った指が入れ違う動作を指します。二つの音階の例を示して、具体的に紹介しましょう。

●F dur（Fメジャー・スケール）

　F dur（♭1つの長調）では、Bキィの下にあるBisキィを使用した場合、左手の人差し指で操作する「シ♭」と中指で操作する「ド」の音の間で指がクロスします。こういった動作を"クロス・フィンガリング"と呼びます。
　しかし「ラ」の指使いにサイド・キィのTaキィを足して「ラ♯」の指使いを選んでいれば指がクロスせずに済みますから、クロス・フィンガリングを避けて運指することもできます。

●Fis moll（F♯マイナー・スケール）

　Fis moll（♯3つの短調）では、「ファ」と「ファ♯」の切り替えの際に右手Fキィとキィの間でクロス・フィンガリングが起きます。この時はもう一つの選択肢として、右手サイドにあるF♯キィを薬指で押すことでクロス・フィンガリングを避けて滑らかにつなげることができます。

このように、クロス・フィンガリングが音階の中に組み込まれているものは、念入りに練習しておくべきです。特にここで挙げた二つは覚えておいたほうがいいでしょう。

しかし、音楽の求めるフレージングによっては難しい運指を避けられない場合もありますから、いずれはクロス・フィンガリングも問題なくできるようにしておきましょう。

サックスの機構を生かした省エネ指使い

サックスは、他の木管楽器に比べてキィの連携機構が進化していますから、いくつかの指使いでは余分な操作を避けた"省エネ運指"とも呼べるような、簡略化が可能です。こちらも二つの音階で紹介しましょう。

●A dur（Aメジャー・スケール）

A durは♯3つの長調です。この調の音階に出てくる「ファ♯」から「ソ♯」の移行では通常「ファ♯」に使う右手5番のEキィを離してG♯キィを押しますが、このG♯キィは右手のキィ（F、E、D）と連動していて、「ファ♯」の運指の時からG♯キィを押さえておいてもG♯トーンホールが開かないような仕組みになっています。この機構を使えば、G♯キィを押したまま右手5番のEキィを押し離しするだけで「ファ♯」と「ソ♯」を行き来することができます。

●Cis moll（C♯マイナー・スケール）

Cis mollは♯4つの短調です。サックスでは、左手の小指で操作するテーブル・キィ（G♯、C♯、B、B♭）はどこを押してもG♯キィが同時に開くようになっています。しかし、G♯キィは右手のキィと連動しているため、勝手に開くことはありません。そのため、この調の音階の一部である下第一線の「ド♯」から第二線「ソ♯」までは、C♯キィを離してG♯キィを押すというようにテーブル・キィを二回操作しなくても、C♯キィを押したままで演奏することができます。

選択肢を持つことで運指に自由度が生まれる
サックスの連携機構を生かすことで運指がスムーズになる

メソッド38 レガート・タンギングをスムーズに演奏する方法

メソッド提供 >> 福井健太

レガート・タンギングの表現で音がスムーズにつながらない人は、フィンガリングに問題を抱えている場合があります。ここでは確実な指運びを実現する練習法を紹介しましょう。

　レガートは、通常スラーと同様に音と音が繋がるように切り替える表現です。しかし管楽器の場合は音の切れ目はありながらも途切れずつながるような表現"レガート・タンギング"を求められることがあります。

　この奏法で音の切り替えが"フワッ"として曖昧になってしまう場合は、タンギングと指の切り替えがうまく連動できていません。発音と運指を同時に行おうとして運指が途中のまま、つまり半押しの状態で発音してしまうため、短いポルタメントのような表現になってしまうのです。

　これは指から先に移動して、後から音を吹くという習慣がつくように練習をすることで解決します。例えば、譜例1のような練習をしてみてください。これをスピード・アップして速いテンポで行うことができるようになると、指から動かす癖がつきます。

譜例1

( )内の裏拍では音を出さずに指だけ動かす

指が半押しになると音の切り替わりは曖昧になる
運指は発音に対して先行しなければいけない

メソッド 39

メソッド提供 >> 田中靖人

難しいフレーズを効果的に練習する方法

サックスは機動力の高い木管楽器ですから、難しいフレーズもたくさん出てきます。ここでは苦手なフレーズを克服するための段階的な練習方法を紹介しましょう。

①リズムを変えてみる

難しいフレーズを練習するときは、リズムを変えた練習を取り入れてみるのがいいでしょう。リズムを変えることによって、どこの運指でつまずいているのかがわかりますし、それがわかれば重点的に練習をすることができます。例えば譜例1のようなフレーズがあったとします。このフレーズを綺麗に吹けるようにしたいと思ったら、譜例2（track 19）や譜例3（track 20）のようにリズムを替えて練習してみましょう。

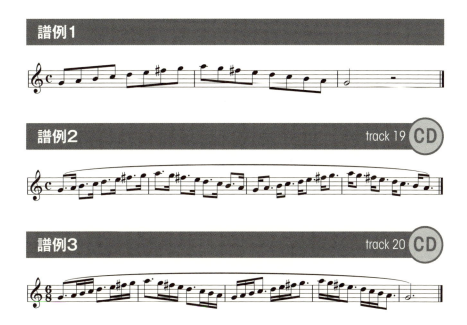

②アーティキュレーションを変えてみる

指がしっかり動くようになっても、タンギングのニュアンスやタイミングが運指と合わないとフレーズは綺麗に聴こえません。様々なアーティキュレーションのパターンで、タンギングと運指をすり合わせる練習をしていきましょう。譜例の4（track21）〜6（track23）を練習してみてください。

③演奏に必要な要素を分解して練習するクセをつける

　ここではたくさんの練習パターンを紹介しました。難しいフレーズに出会ったときは、ゆっくりのテンポからじっくり練習することも効果的ですが、演奏に必要な要素を分解して丁寧に練習することが重要になります。ここで①と②の練習法の効果をおさらいしてみましょう。

①リズムを変えてみる

フレーズのリズムを変えたことにより、部分的に早く切り替える音と長く伸ばす音が出てきます。このパターンを練習することにより、早く切り替える音では指の俊敏性を上げる練習ができますし、長く伸ばす音ではしっかりと拍をカウントする、急ぎすぎない練習になります。

②アーティキュレーションを変えてみる

アーティキュレーションを変えたことにより、伸ばす音と止める音、跳ねる音など、タンギングや息使いのニュアンスが変わってきます。また、タンギングの位置を変えることで、拍の感じ方も変わります。同じ音列や符割りであっても、アーティキュレーションを変えることでニュアンスの違う表現を増やせますし、フレーズの自由度を大きくとらえる余裕が生まれます。

リズムやアーティキュレーションを変えてみよう
音符を意識的に細かくとらえよう

メソッド 40

メソッド提供 >> 宮崎隆睦

薬指の動きをよくする方法

運指速度や精度の向上においては、すべての指がしっかりと機能することが重要です。そして、他の指に比べて特に単独での訓練が難しいのが薬指。ここでは、僕が実践している薬指のエクササイズを紹介しましょう。

日常的に薬指を動かす

サックスの運指では、ある程度指をスムーズに動かすこととスピードの絶対値を上げることが重要です。特に薬指は中指と小指につられてなかなかスムーズに動きませんから、楽器を吹く時間以外にも、日頃からエクササイズで自由度を高めておくと良いでしょう。以下に3つのエクササイズを紹介します。

図1

①通勤／通学中の車内でできるエクササイズ

右の図1を見てください。これは僕が実際に電車の中でやっていたエクササイズです。手の平を太ももにつけて、薬指だけを動かしましょう。手や指にはあまり力を入れないのがポイントです。片手が空いてさえいれば、いつでもできる練習です。

図2

②机の上でできるエクササイズ

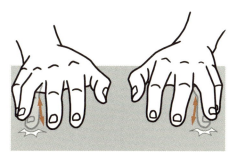

　もう一つ、机の上で行うエクササイズを紹介します。今度は図2を見てください。机の上に手を置いて薬指だけ動かします。この時、手がある程度丸くなるように、指を少し曲げておくといいでしょう。慣れてきたら小指と薬指を交互に動かしてみるのも効果的です。

図3

③楽器で行う薬指のエクササイズ

　日頃のエクササイズを生かした、薬指の動きを訓練するためのフレーズを紹介しましょう。譜例1を見てください。「レ・ミ」と「ソ・ラ」の単純な音形ですが、やってみるとかなりムズムズして嫌になるような練習です。16分音符の動きに慣れたら、音数を増やして6連符にしてみるといいと思います。ゆっくりのテンポから始めて徐々にスピードアップしてみましょう。

譜例1

- 薬指は力を抜いた状態で自然に動かせるようにしよう
- 日頃のエクササイズと楽器の操作を繋げよう

メソッド 41

メソッド提供 >> 上野耕平

小指のキィを
スムーズに操作する方法

両手の小指を使った素早いキィ操作が苦手な人は、手首の使い方を変えるだけで問題が解決するかもしれません。ここでは僕が小指をスムーズに使うために気をつけている方法を紹介しましょう。

手首の柔軟性を生かす

　サックスは木管楽器の中でも比較的指使いが簡単な方ですが、それでも普段あまり使わない上に力の弱い小指でキィを押す作業はなかなか手強いものです。サックスでは、ローE♭とローCのキィを右手小指で、G♯、C♯、ローB、ローB♭の集まるテーブルキィを左手の小指で操作します。

　操作に慣れないうちは小指の動作がおぼつかなかったり、左手の小指などはどこを押しているか自分でもわからなかったりするのではないでしょうか。サックスの中でも操作に慣れるのが難しいキィのひとつではないかと思います。

　しかし、そんなキィでも音楽の中では当然トリルなどの速い操作を求められることがあります。よく使われるのは、左手のGとG♯、右手のDとE♭などの半音のトリルです。こういった指使いのときに指だけで"押す／放す"の動作をしようとすると、どうしても手首や指の関節に力が入ってしまいます。また、左手のG♯とA、右手のE♭とEのトリルのように薬指と小指を同時に動かす動作では、薬指が他の指と腱で繋がっているために、中指までつられて動いてしまったりして、なかなかうまくいかないものです。

　そんな時にどうするかというと、手首を動かすのです。通常通りに左手小指だけでG♯キィを押そうとするとなかなか素早く動かないものですが(図1-❶)、左手の親指をサムレストの上に支点として固定して手首を縦に振るようにすると(図1-❷)、思いの外スムーズに動くと思います。これは親指を支点にして振り子のように手首を動かしているからなのです。楽器自体をギュッと握りしめていると手首の柔軟性を生かすことができませんから、親指を支えにして軽くキィを閉じるような感じで手首を解放してあげてください。

右手の小指の場合も行うことは同様です。やはりいつも通りに小指だけでトリルの操作をすると、E♭キィを素早く操作するのが難しいです（図2-❶）。ここでも手首を振って使うことでキィを押してみましょう（図2-❷）。右手の支点にするのはサムフックに押し当てた右手親指です。親指はフック上部に掛けるのではなく、指の腹で楽器を少し前に押し出すようにすると手首の振り子運動の中心になり、バランスが良くなると思います。

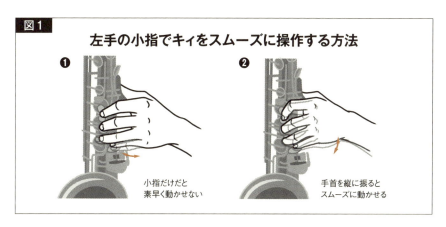

図1　左手の小指でキィをスムーズに操作する方法
❶ 小指だけだと素早く動かせない
❷ 手首を縦に振るとスムーズに動かせる

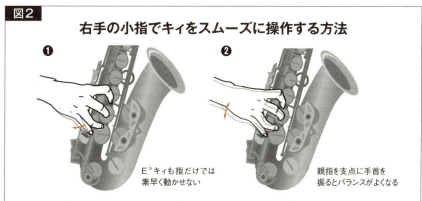

図2　右手の小指でキィをスムーズに操作する方法
❶ E♭キィも指だけでは素早く動かせない
❷ 親指を支点に手首を振るとバランスがよくなる

> 小指のキィ操作は指を動かさずに手首を振ろう
> 振り子運動の中心となる親指の支点を意識しよう

メソッド 42

メソッド提供 》 中村均一

レガートでの音の跳躍を
スムーズにする方法

音階を吹くことはできるが、オクターブなどの跳躍が苦手だという人は多くいますね。そういった人のために跳躍に必要なコントロールだけを訓練する方法を紹介しましょう。

喉の位置で音域を変える

　サックスのオクターブ・キィは、押すだけでオクターブを切り替えてくれる便利な機能ではありませんから、自分の体で音域を切り替える必要があります。その時に使うのが喉です。ちょうど喉仏のあたりを意識してください。舌の奥、付け根の方を意識すると喉の動きが連動しているのが感じられると思います。舌の位置を上げれば喉も上がって、舌の位置を下げれば喉も下がります。

　オクターブ・キィを離したときは喉の位置を下げます。オクターブ・キィを押しても音がオクターブ上に上がらない人はいませんが、離しても音がオクターブ下がらないという人は、それができていないのです。

　譜例1のように、"オクターブ・キィを押す"→"離す"→"喉の位置を変える"というふうに3つの動作に分けて、音を出しながらそれらを1拍ずつ行うと動作を分けて意識しやすいと思います。譜例では「ソ」までになっていますが、「ファ」から「レ」までの音域も同様に練習してみてください。

譜例1 》 喉のコントロール

（＊…Oct key無し）

これで喉の使い方がわかったら、この一連の動作を早くできるようにして、譜例2のようにオクターブ・キィを離した瞬間に喉の位置も変えられるようにしましょう。

譜例2 » キィ操作＋喉のコントロール

譜例2が安定してできるようになったら、跳躍を繰り返すような練習をするのがお勧めです。譜例3のように速い動きでも引っかからずスムーズに跳躍できれば十分なコントロールと言えるでしょう。

譜例3 » キィ操作＋喉のコントロール（上級編）

この跳躍の練習で気をつけてほしいのは、音の跳躍に合わせて顎を動かさないことです。顎を上げたり下げたりして音域をコントロールすると、口の中の広さが変わって音色が崩れてしまいます。

喉の動かし方がイメージできない人は、口を閉じたままで口腔内を広く取って、舌の奥の根元の方から上下に動かすように意識してみてください。この状態で鏡を見て喉の動きを確認してみましょう。

喉のコントロールを身につけて、できるだけ同じ音質を維持したまま跳躍をスムーズにするコントロールを身につけてください。

> 喉の位置をコントロールすることで音域を変える
> 顎を動かさず同じ音質で跳躍できるようにしよう

メソッド 43

メソッド提供 >> 田中靖人

替え指を使って音色を揃える方法

サックスは音域や指使いによってかなり音色にばらつきが出る楽器ですから、フレーズをスムーズにつなげるためには、できるだけ音色差を減らしたいですね。ここでは替え指で音色差を減らす方法を紹介しましょう。

「ド♯」で音色が開くのを抑える指使い

第三間の「ド♯」の音は何もキィを押さない全開放の指使いなので、響きが少なく開きやすい音色ですが、替え指を使うことによってある程度補正することができます。譜例1（track 24）を見てください。

譜例1 track 24 CD

通常の運指で演奏すると、オクターブ・キィを押した「ソ・ファ・ミ・レ」に比べて、オクターブ・キィを押さない「ド♯」は音が開いてしまって間抜けな音になりがちです。そういった時は、オクターブ・キィと3番キィを押した状態で第三間の「ド♯」を吹いてみましょう。この2つのキィの連携によって、ネック部分の第一オクターブ・キィが上がった状態になるため、「ド♯」もオクターブ・キィを押した他の音「ソ・ファ・ミ・レ」と音色が近くなります。このほか、右手のF・E・D（4・5・6）のキィを押すことでピッチの調整もできますので、必要に応じて使ってみてもいいかもしれません。

音色の統一と効率の良い運指を両立

　この替え指の「ド♯」は、第一オクターブ・キィを使う音域（レ〜ソ♯）と親和性が高く、それらのどの音からでも左手のAキィとBキィを離すことで「ド♯」を出すことができます。この方法を使えば譜例1をよりスムーズに演奏することができます。もちろんほかの音型でも応用できる場合があります。譜例2（track 25）を見てみましょう。

譜例2　track 25

　このような場合は直前の音の指使いからAキィとBキィを離すだけでスムーズに演奏することができます。オクターブ・キィの切り替えによって音色差の生じる音型でも、このような替え指を使うことでフレーズのつながりがよくなります。音楽の中で求められる音型やフレージングに合わせて、自分で替え指を見つけられるようになりましょう。

　（※一部のサックスでは、オクターブ・キィの切り替えシステムの違いにより、この替え指が機能しない場合があります。）

楽器の特性による一部の音色差は替え指で補正できる
替え指を使った効率の良い運指を活用しよう

メソッド 44

メソッド提供 >> 中村均一

完全音程に
ピッチを合わせる方法

サックスは決して音程のいい楽器ではありませんから、各音域で顎のコントロールと替え指などを使って音程を補正することが必要になってきます。ここでは、完全音程を合わせるための練習法を紹介しましょう。

自分の耳を育てる

　サックスの音程を合わせるためにはチューナーを使うと便利です。サックスはもともと完全な音程が出る楽器ではありませんし、まず吹き方が安定しないと音程も安定しません。そういった理由から、練習では音程を合わせる目安としてチューナーを使うわけです。
　しかし、ある程度楽器が吹けるようになったら、自分の耳で音程を合わせられるようにならなければいけません。
　しかし、初心者の頃に"チューナーを見て目盛りで音程を合わせる癖"がついてしまっていると、目盛りにばかり集中してしまって周りの音と合っているかを聴くことができなくなってしまいます。そういった人は少なくありません。
　チューナーは平均律の周波数を示してくれるだけであって、楽曲の中の"あるハーモニーで綺麗に響く音程"を教えてくれるわけではありません。もちろん、チューナーにも短三度音程や長三度音程を綺麗にとるためのガイドラインが付いていたりします。しかし、一番信用できるのは自分の耳ですから、自分の耳と音感を育てる練習をしましょう。

耳で完全音程をとる

　耳を育てるために僕が勧めている練習法は、チューナーやメトロノームに搭載されている「基準音発信機能」を使って完全音程をとる練習です。譜例1と2を見てください。記譜のように実音Aの音をチューナーで鳴らしながら、そこにユニゾン音（A）、完全八度（A）、完全四度（D）、完全五度（E）の音を吹いて合わせてみましょう。ここではチューナーを見て合わせるのではなく、耳を使って音程を合わせてください。チューナーとの響きを聴いて、うまくその中に溶け込むことが重要です。なお、楽譜には音程補正の指使いの例も掲載しておきますので、それを試しながら完全に一致するように練習してください。

譜例1 » 完全音程をとる（オクターブ下）

譜例2 » 完全音程をとる（オクターブ上）

　譜例1と2では音域が違いますから、基準音と合った時の響き方も変わってきます。こういった練習で耳に完全音程の響きを慣らしておくことで、ハーモニー感覚が養われます。こうしたユニゾンや四度、五度の音で完全音程が取れるようになると、ハーモニーの純度が増して響きが豊かになります。特に、サックス四重奏におけるソプラノ・サックスのように常にハーモニーの上に乗る人は、こうした練習をしておくことで、しっかりと響きに乗って演奏することができます。

> チューナーに頼りすぎず自分の音感を育てよう
> 完全音程の響きをとらえてハーモニー感覚を養おう

メソッド 45

メソッド提供 >> 高橋弥歩

グロウルを習得する方法

唸るような音色を演出するグロウルは、ロックのほかに吹奏楽のポップスや演歌などでも使える効果的なテクニックです。ここでは誰でもグロウルを習得できる方法を紹介します。

声を出しながら楽器を吹く

　グロウルは唸るような音色が特徴の奏法ですが、実際に楽器を吹きながら声を出すことで音色を変えます。

　まずは楽器を持たずに練習する方法を紹介しましょう。自分の手のひらに向かって息を当ててみてください。楽器を吹く時と同じように息を吹けば、手のひらに息が当たるのをしっかりと感じるはずです。次に「ウ」に濁点を付けて「ヴー」と発声しながら息を当ててみてください。濁点の発声にしたことで息が少し弱くなってポツポツと途切れ途切れに手に当たると思います。その状態で息を強くして、楽器を演奏する時と同じくらいの圧力が出れば、もうグロウルは目前です。そのまま楽器を構えて「ヴー」と息を出してみましょう。

　グロウルの時は音の立ち上がりが遅くなるので、かなりはっきりと吹くのがコツです。あまり喉で締めるとか、唸るというイメージを持たないようにしましょう。喉を意識すると力んでしまい、音が細くなってしまいます。

　グロウルは高音から低音までどの音域でも使えますが、中低音域で練習していて出しづらい場合は、上第二線の「ド」で練習してみてください。高音域になると意図せず自然に喉が締まるので、グロウルがかかりやすくなります。

グロウルは発声で息の質を変化させる奏法
出しにくい時は高音域で練習してみよう

メソッド46 ファズトーンを習得する方法

メソッド提供 >> 宮崎隆睦

フュージョンなどでよく用いられる、ちょっと割れたような音がファズトーンです。決めどころや泣きの音、アクセントとして非常に聴き映えのする派手なテクニックですね。ここでは、ファズトーンの出し方を紹介しましょう。

音が潰れる手前を狙う

ファズトーンというのは、"これ以上吹いたら音が潰れる"という状態、つまりリードに負荷をかけることで音が割れかけている状態を効果的に使った音色です。一般的にファズトーンを使うのはハイF#の音だけですが、プロの中には特殊なフィンガリングを自分で探して、ほかの音でファズトーンを出す人もいます。とはいえ奏法自体は特殊なものではなく、誰にでもできることです。

まずは息をだんだん強くしていって、リードを激しく振動させましょう。リードが暴れやすいように少しアンブシュアを開いていくとかかりやすくなります。譜例1（track26）をみてください。このようにロングトーンしながら綺麗にかけられるようになると、コツがつかめると思います。このコントロールを身につけて、いろんな音色が表現できるようにしておきましょう。

譜例1　track 26 CD

- ファズトーンは音が潰れかけている状態の音色
- 任意にリードを暴れさせてコントロールできるようにしよう

第3章 ステップアップ編

この章には高度な技術を習得するためのメソッドのほかに、音楽的な理解を深めるようなものも多く含まれています。また、これまでの常識を覆すようなメソッドもあるかもしれません。基礎を固めつつ、これまで以上に柔軟な発想で練習を重ねてください。

メソッド 47

メソッド提供 ≫ ひび則彦

ハネるジャズ・フィールを習得する方法

サックスを演奏する上で避けて通れないのがジャズの演奏です。ジャズはこの楽器を一躍有名にした音楽ジャンルですから、しっかり吹けるようにしておきたいですね。ここではジャズ特有のハネるリズムの練習方法を紹介します。

バウンスにはたくさんの種類がある

　クラシックやポップス、ジャズやラテンなどのさまざまな音楽を大まかに分けると、バウンスして（ハネて）いるリズムとイーブン（ハネていない）のリズムになります。ですから、まずはイーブンとバウンスを理解してコントロールできるようになることが重要です。

　さらに難しいのは、同じバウンスの中にも、スウィングのハネ系と16ビートのハネ系、きっちり3連符に分かれるハネ系などいくつかの種類があることです。一口に"バウンスする"といっても答えはひとつではなく、選択肢がたくさんあることを事前に理解しておくことがとても大切です。ここではジャズの代表的なリズムであるスウィングに特化して説明しましょう。

　スウィングというのは、別名「4ビート」（フォー・ビート）とも呼ばれています。これは名前の通り4分音符を拍（ビート）の基準にしているリズムで、裏拍の8分音符がハネる位置は本来指定されていません。そして8分音符がどの位置に入るかというのは、実は演奏する曲が成立した時代や地域性、そして曲自体のテンポ（BPM）によって大きな影響を受けます。

　本項の目的からかけ離れるため、時代性や地域性をここで語ることはできませんが、興味のある方はぜひいろんな音源を聴いて調べてみてください。

　テンポによる差異としては、比較的早い（♩=180くらいの）テンポでは表と裏の8分音符が1：1のイーブンの状態に近くなることが多く、テンポがゆっくり（♩=60くらい）のときには表と裏の8分音符が3：1（つまり裏拍が16分音符分になる）くらいのバウンス幅になるといった傾向があります。

リズム感覚を養う

　イーブンの8分音符は普段の練習で行うと思いますので、バウンスの練習方法について考えてみましょう。まずバウンス幅をコントロールするための練習は、スラーのアーティキュレーションで行うのがお勧めです。最初からバウンスとジャズ・アーティキュレーションをセットにして練習するパターンは避けたほうがいいでしょう。このどちらにも慣れないうちから両方を一緒に練習してしまうと、細かいコントロールが全くできません。また、それをなんとなく練習しているとニュアンスを過度に強調してしまい、ノリの悪い演奏になってしまう可能性があります。

　音楽的にしっかりした技術をつけるためにも、まずは全部スラーで行ってしっかりとリズムを取ってください。順番としては、スラー、すべてにタンギング、ジャズ・アーティキュレーション、と3段階に分けて慣らしていくといいと思います。最初のうちはメトロノームを使わず自分のやりやすいテンポで練習してみても良いでしょう。目標は♩＝120で3連符のバウンスがスムーズにできるようにすることです。このテンポは、ビッグバンドの最高峰「カウント・ベイシー楽団」の演奏にもよく見られる、ジャズでは基本のテンポと言えます。

　また、バリエーションとしてイーブンの8分音符と3連符のバウンスのコンビネーションも練習すると良いでしょう。実はスウィング・ジャズの場合であっても、ソロではイーブンで吹くことが多くあります。むしろ、ずっと3連符で吹いていることの方が少ないかもしれません。そうしたことを理解していると、音源を聴いてフレーズをコピーする時やニュアンスを拾う時に、練習で培ったリズム感が役に立ちます。

　最終的にはCDなどの音源や生演奏をたくさん聴くことでしか知識と感覚を養うことはできません。多くの演奏に触れて、時代やテンポによるバウンス幅の違いを体感して覚えていきましょう。

　　バウンス幅には曲の成立背景やBPMが影響する
　　多くの楽曲に触れることで知識と感覚を育てよう

メソッド 48

メソッド提供 >> 織田浩司

ジャズやポップスの
ニュアンスを整理する方法

記譜上で同じ長さの音符であっても、クラシック、ジャズ、ポップスの各ジャンルでは、それぞれで拍の感じ方やニュアンスが異なります。ここではニュアンスの読み取り方と合わせ方を紹介しましょう。

ジャズの4分音符は"長いか、短いか"を考える

　クラシック・スタイルの演奏では"4分音符の長さ"というのは、音の余韻も含めて考える事が多いように思えます。ジャズの4分音符の長さは、まずは長いか短いかのどちらかを基本にして考えてみましょう。

　音価（音の長さ）が短いとリズムがタイトになって打楽器に近い表現になりますし、長いとルーズになってフレーズに伸びが生まれます。音符の長さでリズムの表現が変わりうるという事ですから、その音符をどういう効果で聴かせたいのかを自分たちで考えてみる必要があります。

最適なアーティキュレーションを共有する

　ポップスの演奏で最も重要なのはアーティキュレーションです。実は僕らプロのミュージシャンがスタジオでレコーディングするときに渡される譜面には、強弱やアーティキュレーションの指定が書いていない事もあります。

　音量に関しては周りの雰囲気を察知してすぐに調整できますが、一番重要で表情を左右するのは音のニュアンスです。同じ音符でもテヌートなのかスタッカートなのかで表情は一変してしまいますから、フレーズがどういう音型なのか、音の輪郭はクッキリとした四角い音なのか角のない丸い音なのか、そういったことを判断して最適なアーティキュレーションを決めてニュアンスを共有することが良い演奏にするための鍵になります。

編成によって基準になる人は変わる

　クラシックでは作曲者や指揮者によって音符の長さの解釈は厳密に決められていくことが多いですが、ポップスではメンバー間の裁量で決まるところも多く、解釈に少し自由度があると言うことができます。

　そうなるとメンバーの数や楽器の種類の違い、編成の違いによって基準になる人も変わってきます。総勢17名のビッグバンドで演奏するのか、管楽器がサックス1本のロック・バンドなのか、トランペットやトロンボーンと一緒にホーン・セクションをやるのか、それぞれに合った対応が考えられるわけです。

　例えば管楽器がバンドに自分一人であれば自らアーティキュレーションを決めればいいのですが、3人でホーン・セクションをやるとしたらニュアンスがバラつくと目立ちますから、最低限のアーティキュレーションの統一に基準が必要になります。そしてビッグバンドや吹奏楽になると一層まとまらなくなりますから、どこの解釈を誰に合わせるのかを厳密に決める必要が出てきます。

譜面からニュアンスを読み取る

　基準となるニュアンスを作るには、たくさんの音に触れる必要がありますが、特に自分で音楽を譜面に書き起こしてみると色々と見えてくるものがあります。

　8分音符一つをとっても、譜面に表せないニュアンスがたくさんあります。しかし、譜面にするにはそんなに細かい指定はできません。そうすると、これは8分音符で書こう、これは16分音符で書こう、と自分で基準を考えて押しなべた公約数で書かざるを得ないわけです。そこには、自分の譜面を他の奏者に読んでもらうために、読みやすさも考えて書きます。

　そうやって、リズムはどうやって楽譜に起こせばいいのか、どうやって書いたらニュアンスが伝わるか、という音楽を譜面に落とし込む勉強をすることで、別の曲であっても譜面を見るだけでニュアンスやアーティキュレーションを感じ取り、音楽を再現することができるようになります。

音符にニュアンスを落とし込む経験が譜面の解釈を助ける
基準となる人を決めて共有することで演奏がまとまる

メソッド49 音楽的なビブラートを作る方法

メソッド提供 >> 中村均一

ビブラートはサックスの演奏に欠かせないテクニックの一つですが、安定したコントロールが難しい表現でもあります。ここでは安定した美しいビブラート、そして音楽的なビブラートを作るための練習法を紹介しましょう。

ビブラートは音楽に合わせて変える

ビブラートは顎を規則的に動かすことでかけます。譜例1のように♩＝60のテンポで四分音符の中に一つから六つの波を作れるよう練習してください。

譜例1 >> ビブラートの波をコントロールする

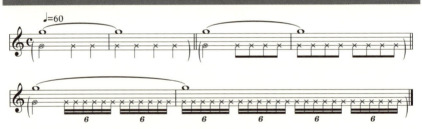

×の部分ではウ→オ→ウ→オと交互に顎を動かしてピッチを変える

実際に曲の中でビブラートをかけるときには、音程の幅と波の速さを音楽（ビブラートをかける音の音量と音域）に合わせて変えています。音量の大きい音にかける時は、大きい音程幅の速い波、小さい音には小さい音程幅の遅い波がよく合います。また、低い音には大きい音程幅の遅い波、高い音には小さい音程幅の速い波を合わせると音楽的な表現になります。

> 顎を規則的に動かす練習でコントロールが身につく
> ビブラートはかかる音の音域や音量によって質を変える

メソッド 50　　　　　　　　　　　　　　　メソッド提供 >> 彦坂眞一郎

後押しの癖を取り除く方法

レガートやスラーを表現しようとして、一定の音量で吹きたいのに意図せず一音ごとに途中から音が大きくなってしまう"後押し"の癖は、よく見られる音楽的な表現の問題です。ここでは特にサックスで起こりやすい原因と改善の方法を紹介します。

舌の動きを見直す

　"後押し"の一番の原因はスラー奏法の誤認です。スラー内は一つの音と認識しますから、音符ごとに息を押し直してはいけません。そうしないと"マルカート"という表現のカテゴリーになるからです。音楽表現の認識を改めなくてはならないので、これを直すのはとても難しいです。

　また、それ以外の理由で後押しの癖がついてしまっている人も少なくありません。しかし、自分で意識して一音ごとに音量を上げているわけではないために、なかなか本人も原因に気付かず直りづらいようです。

　一定の音量で吹いているつもりなのに音が後押しになってしまう人は、一音ごとに舌が必要以上に後ろに下がって口腔内の容積が広がり、結果として音量が大きくなっている場合が多いです。スラーのフレーズを豊かな音で演奏しようとするあまり、無意識のうちに一音ごとに舌が動いていないでしょうか。

　そういった場合は舌に注意し、動かないように固定しましょう。舌の位置は自分の求める音色に合わせて自由に決めて構いませんが、無意識のうちに一音ごとに位置や形が変化していないか注意する必要があります。音の響きを作るのは口腔内だけではありませんから、舌の動きを制限しつつ喉や体の内部で響きを作るように練習してみてください。

　　後押しはスラー奏法の誤認から起きる
　　レガートやスラーの演奏中は舌の動きを固定する

メソッド 51

メソッド提供 ≫ 雲井雅人

アンブシュアと息圧で音色を変化させる方法

サックスで様々な表現をするには、ダイナミクスやフィンガリングだけでなく音色のコントロールをマスターすることが重要です。ここでは音色をコントロールする方法を紹介しましょう。

息の圧力で音色を変える

　アンブシュアを締めたり緩めたりすることだけで音色を変えようとする人がいますが、音色に関係するのはアンブシュアだけではありません。
　もっとも重要なのは息圧のかけ方。言い換えれば、いかに体内気圧をコントロールするかなのです。通常の息圧で吹く音をノーマルとすれば、息圧を強めにかけることによってハードで芯のある艶っぽい音にすることが可能です。あるいは、息圧を少し下げることによってソフトでスイートな音にすることも可能です。譜例1（track 27）のように、息の圧力をコントロールすることで音色を変えてみましょう。

譜例1　track 27 **CD**

　ここでは便宜上、同じフレーズの1つずつに音楽用語をつけています。「con brio（生き生きと）」では息圧を高めた状態、「dolce（優しく）」ではある程度息圧は高いままに唇で振動を吸収し、「calando（消えるように）」では息圧を少し下げて唇はリードの振動を素直に出すようにしています。

唇の柔軟性を認識する

　注意してほしいのは、この息圧による音色のコントロールは、"ギュッ"と締めつけているアンブシュアでは実現できないということです。唇はリードの振動を止めないように、リードと共に振動する状態にしています。だからと言って完全にゆるゆるのアンブシュアで吹いているというわけではありません。唇の柔軟性を認識した上で、リードと一緒に震える唇をどうコントロールするかが鍵になります。

　よって、唇が痛くなるほど締めているようなアンブシュアでは、リードの振動が抑制されてしまってスイートな発音はできないでしょう。

　そういった場合は、本書のP.48メソッド19で紹介した「スムーズな楽器の鳴らし方を習得する方法」を踏まえた上で、今回のメソッドのようにさまざまな唇と息圧のコントロールを試してみることをお勧めします。

アンブシュアと息圧のバランスで音色が変わる
唇の柔軟性でリードの振動をコントロールしよう

メソッド 52

メソッド提供 » 雲井雅人

豊かな響きの音を作る方法

楽器の音をよく響かせるには、体の使い方が重要です。豊かな音を出すために、ここでは口の奥、軟口蓋や喉の使い方に焦点を当てて紹介しましょう。

軟口蓋を広げてみよう

　豊かな音を吹くため、「口の中を広くしなさい」と指導されることがあると思います。しかし、これまでP48のメソッド19「スムーズな楽器の鳴らし方を習得する方法」やP54のメソッド22「適切な舌の位置や形を理解する方法」でも紹介してきたように、演奏する音域や音色に合わせて舌の位置は大きく変わります。そして、非常に高い音や緊張感のある音を吹く時は気圧を高めるために舌の位置が高くなり、結果的に口の中が狭くなっているわけです。そういった時にどこを広げて響きを作るのか、それが今回のポイントです。

　まずは口の中の構造を確認しておきましょう。口の中の天井部分で丸くなっている部分、指や舌で触ってみると押すと硬いところが硬口蓋です。その後ろにある口蓋の奥で鼻腔との分岐点の辺り、指で押すと不快な柔らかい箇所が軟口蓋です。この軟口蓋を上げることで口腔内の容積を広くし、音を響かせるのです。図1では軟口蓋の一部である口蓋垂が動く様子を図で再現しています。

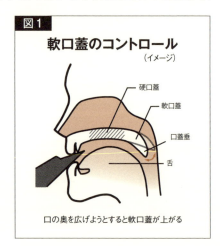

図1 軟口蓋のコントロール（イメージ）

口の奥を広げようとすると軟口蓋が上がる

ゆったりと豊かな声を出すように

　意識して軟口蓋を上げるのは難しいことです。楽器を吹いているときの口腔内の様子は肉眼では見ることができません。しかし、軟口蓋を上げる動作自体は、サックスを吹く以外のことでも行われています。

　例えばしゃべる時に、響きのない甲高い声で話すのとゆったりした豊かな声で話すのでは口の奥の使い方が違います。これは軟口蓋が下がっている時に甲高い声になって、軟口蓋が上がっている時に豊かな声になっているのです。そして、声がよく響いているときには喉も広がっています。しかし、喉を意識しすぎると力が入って響かなくなってしまいます。P23のメソッド05「良いブレスを身につける方法」でも紹介した通り、体を響かせるためには上半身の力を抜く必要があります。肺や肋骨と同様に、喉も息の圧力で自然に広がるものですから、自ら無理に広げようとしてはいけません。

高い音を豊かに響かせる

　高い音を響かせるためには、まず高い音を出す必要があります。そのため、舌は硬口蓋に沿って位置し、息の通り道を狭くすることで息圧を高くした状態にしましょう。そして、音を響かせるために、喉には力を入れずリラックスした状態にします。その状態で、"よく響く声を出すように"してみてください。

　自分で意識して使ったことのない部位は、自分の体であってもなかなか認識できないものです。しかし、このように"よく響く声を出すイメージ"で響かせようとすると、やがて動く場所（軟口蓋）を認知できるようになり、自分の意思で軟口蓋の操作ができるようになります。

　声楽家はこういった体の使い方をよく知っています。そして声楽のメソッドによる歌の響かせ方とサックスの響かせ方には共通項が多いように思います。サックスを良い音で吹くために声楽の発声を勉強してみるのもお勧めです。

音を響かせるのは口の奥の軟口蓋
軟口蓋は"よく響く声"の発声練習で認知できる

メソッド53 音質を変えないクレッシェンドを身につける方法

メソッド提供 》 雲井雅人

p(ピアノ)やpp(ピアニシモ)の表現が苦手な人のために、ここではpの表現を増すためのコントロール方法を紹介します。

"スーパー・ソフト"を身につける

　p(ピアノ)の表現で音が痩せてしまう人は少なくありません。本来は呼気圧のコントロールでダイナミクス(音量差)をうまく表現できていれば問題ないのですが、そういった人は息の量とともに圧力まで下げてしまったり、マウスピースに入る息の量を減らすため過剰に口先を狭めたりしているようです。

　音量を下げるために息の量を減らすことは間違っていませんが、その際に息の圧力まで下げてしまっては音が不安定でおぼろげになってしまいます。そのため、P48のメソッド19「スムーズな楽器の鳴らし方を習得する方法」で紹介したように、息の量にかかわらず息の圧力をコントロールできるようになる必要があるのです。

　そして、それができるようになった生徒に僕が練習させるのは、"スーパー・ソフト"という奏法です。これはf(フォルテ)の良く響く音色のまま、まったく音質を変えずにディミヌエンド(だんだん弱く)して消える寸前までいき、そしてそのままクレッシェンド(だんだん強く)して元の音量まで戻します。このコントロール方法はアメリカでフレデリック・ヘムケより習いました。

　これを行うことができるほどのコントロール力が身につくと、繊細なpのコントロールやダイナミクスの表現が自在になりますから、呼吸や演奏自体が非常に柔軟になります。

しかし、このスーパー・ソフトを身につけるためには、高度な体内気圧のコントロールが欠かせません。そのため、メソッド19で紹介した口腔内での気圧コントロールに加えて、P23のメソッド05「良いブレスを身につける方法」で紹介した腹圧の掛け方を合わせた二段階の圧力を両立する必要があります。

すべての音域で練習する

このスーパー・ソフトを使ってさまざまな音域を練習してください。音域によって適した舌の位置や形なども違いますから、それぞれの状態でうまくキープできるようにする必要があります。また、音域によってはスーパー・ソフトのサウンド自体が変わる場合もあります。

特にサックスの苦手な低音域では、pで輪郭のある音を吹くことはできませんから、どうしてもサブトーンで吹かざるをえません。しかし重要なのはサブトーンかそうでないか、ではなく"強弱にかかわらず一定の音質で吹き続ける"ということです。サブトーンの状態でもうまくコントロールするためには下唇の柔軟性も必要になりますから、P55のメソッド23「下唇を強く噛まずにリードを自然に鳴らす方法」で紹介したような脱力の方法も必要になります。

また、高音域の練習で気をつけるべきなのは上第三線の「ミ」の音の周辺です。この音はスーパー・ソフトで練習していても、pの時には楽器の特性で音が不安定になって途切れてしまいます。この時はオクターブ・キィを押す親指を少し弱めてトーンホールの開きを狭くしましょう。トーンホールの開きを狭めにすることで、楽器自体の抵抗感のバランスが取れて小さい音でも安定するようになります。

音質の変わらないダイナミクス操作を身につけよう
体内気圧は口腔内と腹圧の二段階でコントロールする

メソッド 54

メソッド提供 >> 中村有里

編成に合わせて演奏を変える方法

サックスはさまざまなシーンで活躍できる楽器ですから、その場に合わせた音色作りや演奏のスタイルを身につけておきたいですね。ここでは、吹奏楽において演奏を合わせていく方法を紹介しましょう。

サックスは個性の強い楽器

　サックスは、オーケストラに定席があるような他の管楽器（クラリネットやフルートなど）に比べて、とても個性の強い楽器です。"個性が強い"というのは、魅力的な音色ながらも良くも悪くも音が派手で目立つため（他の木管楽器に比べて音が大きい、音の輪郭がはっきりしているなどの理由から）バンド内で浮いてしまうなど、混ざりづらい面があるということです。

　また、サックスの重要なレパートリーにはサックス・カルテットの曲が多いことから、同族楽器であるサックスだけの編成で演奏する機会も多く、どうしても楽器の個性的な音色が強く育ってしまう側面もあるのかもしれません。

　そういったサックス・カルテットなどの同族楽器同士で演奏する時には、当然楽器の魅力や奏者一人一人の個性が前面に出てきて良いわけですが、大編成の中で演奏する時は個人の個性や楽器の主張をうまくまとめて、"ひとつのバンドの音"として他の楽器と混ざり合うことが重要になります。

　そして、オーケストラに定席のある楽器というのは、長い歴史の中で培われてきた周りと溶け合う音色へのイメージをしっかり持っていて、溶け合う術を心得ているのです。その中でサックスだけが自分勝手に吹いていたら、当然混ざることはできません。しっかりイメージをもって吹かないと、オーケストラや吹奏楽の中でも浮いた存在になってしまうかもしれません。

耳を傾けて音を寄せ合う

　同族楽器のアンサンブルとは違って、吹奏楽など大編成のバンドではアルトやテナー、バリトンは同じ役割を担って演奏する仲間が変わりますから、他の楽器に寄り添えるようにしなければいけませんね。

　では、他の楽器と一緒にサウンドを作る際には、何を基準に音色やニュアンスを合わせていけばいいのでしょうか。少し具体的に考えてみましょう。

❶アルト・サックス

　アルト・サックスはクラリネット、そしてトランペットと一緒になる機会が多く、メロディも多く担当します。時には金管のような力強い音も必要ですが、クラリネットのような芯がありつつも柔らかい音色はサックスも学ぶべきところが多いと思います。他の木管楽器と共に演奏するときは、他の楽器の音色を消さずに倍音豊かなサックスの響きでサポートするようなイメージを持つとうまくいくかもしれません。もちろんビブラートも、サックスだけが目立つことのないよう、常に主役を意識して合わせましょう。

❷テナー・サックス

　テナー・サックスはユーフォニアムと同じように動き、オブリガートに加えて金管的なフレーズを取ることも多いです。しかし、アルト・クラリネットのような木管中低音の音色を忘れないようにしましょう。

❸バリトン・サックス

　バリトン・サックスはチューバやバス・クラリネットと共にバンドのベースラインを支えていますが、サックスの特性でもある高い機動力を生かして低音域をはっきり演奏するときの軸になることも多いと思います。音の輪郭を出すことも大切ですが、響きもしっかり出せるようにしましょう。

サックスの音色を活かしつつ他の楽器と音色を混ぜよう
同じ役割を担う楽器を認識しよう

メソッド 55 クラシックとジャズ／ポップスの違いを出す方法

メソッド提供 >> 織田浩司

サックスは多様な表現ができる楽器なので、クラシックからジャズやポップスなど多くのジャンルで活躍します。特に吹奏楽などではさまざまな曲を演奏する機会がありますから、スタイルに合わせた表現ができるようにしましょう。

音を止めるタンギング

　クラシックとポップスのサックスの表現で最も違うところは、"音符の長さをどこまで伸ばすか"だと思います。4分音符がどれくらいの長さなのか、全音符がどれくらいの長さなのか、音が何拍目まで伸びているのかというのはとても大事なことです。

　例えば吹奏楽のポップスでは、伴奏で一人一人がコード（和音）の構成音のどれかを伸ばしている事があります。本来なら同時に切れるはずなのに誰かが長く伸ばしていたり短かったりすると、バラバラになって気持ちよくありません。音の終わりをみんなが同じタイミングで音を切ることで、リズムが際立ってカッコよく聴こえるようになるわけです。

　そのときにタンギングを使います。リードから舌を離す"発音するタンギング"はよく知られていると思いますが、それ以外に舌でリードの振動を止める"音を止めるタンギング"というのがあって、それを使うことで音をしっかり止めることができます。

　ポップスではタンギングで"間を作る"ということを意識していますが、逆にクラシックでは"余韻を出す"ということを重要視しています。そのため、クラシックの奏法だけを勉強すると、"音を止める""音を切る"ということに抵抗感が生まれやすいのです。

　もちろんプロのクラシック奏者はどちらもできますが、学生やアマチュアでは綺麗な音を出すことだけに集中して全てを丸い音で吹いてしまう人も多いですから、音を止めるタンギングのイメージを共有するだけでも、ポップスの演奏を大きく変えることができると思います。

発音のイメージをたくさん持つ

　クラシックに多くの曲調があるように、ポップスにもJポップやジャズ、演歌にラテンにロックといった種類があり、かなり幅広い音楽を扱います。それぞれのジャンルに適したものを使えるよう、発音の種類は多く持った方がいいでしょう。まずはイメージを持つことが重要です。

　例えばポップスで遅めの曲だとしても、ロック・バラードだったら力強いイメージ、ボサノバだったら柔らかいイメージなどが思いつくと思います。かといって、柔らかいイメージだけでボサノバをフニャフニャとしたタンギングで演奏してしまってはリズムが出ません。リズムはゆったりとノっているけれど発音はハッキリと、しかし音は柔らかく、そういった具体的なイメージを持ってタンギングを練習してみてください。

独立したリズム感を持つ

　ポップスではピアノやギター、ドラムなどさまざまな楽器とともに演奏します。それらの楽器がリズミックに演奏しているときは、サックスも同じことができなくてはいけません。

　しかし、それは必ずしも常にドラムやベースなどのタイミングにぴったり合わせるというわけではなくて、独立したリズム感を持ってドラムやベース、キーボードなどのリズム・セクションと同じように感じるのです。そして、管楽器だけで印象的なフレーズを演奏するホーン・セクションのアレンジがあったら、管楽器だけで音の形やタイミングを揃えましょう。それをあえて他の楽器とずらすことでカッコよく聴かせる、というアプローチもあるわけです。つまり、ポップスでは常に誰かのリズムに依存して合わせるのではなく、テンポ感やグルーブを共有してリズムやフレーズを作る必要があるということです。

ポップスでは間を作るイメージを持って音を止める
管楽器だけで独立したリズムを作れるようにしよう

第3章 ステップアップ編

メソッド 56
演奏の中でサックスの役割を感じ取る方法

メソッド提供 >> 織田浩司

演奏の中でサックスが行う役割は多岐に渡ります。バンドの中で自分がどういう位置や役割にあるのかを理解することで、サックスの表現方法や練習すべき内容が見えてきます。ここではサックスの役割を感じ取る方法を紹介しましょう。

役割はバンドによって変わる

サックスはいろいろな場面で活躍する楽器ですが、求められる役割は編成や曲によって変わります。ですから、どんな役割でサックスが入っているのか、どんな表現や音色を求められているのかを常に感じ取ることはとても大切です。

自分はハーモニーのどの音を演奏しているのか、自分のフレーズが誰と絡み合ってどんな構造になっているかなど、他人の音を聴く耳を持つようにすると、相対的に自分のいるべき位置がわかるようになります。

例えば吹奏楽やビッグバンドではフレーズによって誰に合わせるかが変わってきます。中心が1番アルトか1番トランペットか、または他の楽器なのかといったことに気を配りましょう。誰と合わせるかによって音色や表現も自ずと変わりますし、その中で音量バランスを取ることも重要です。

自分が1番アルトだった場合、"ここに合わせてほしい"という意思を持って演奏すれば周りにも伝わりやすくなります。その上でさらにトランペットに合わせるべきであれば、自分はトランペットに合わせながらも1番サックスとして周りのサックス・セクションを導くという二重の役割も必要になります。

音楽というのは譜面の通りに正しく演奏するだけでは機能しないので、お互いの演奏を感じ取りながら自分の役割を強く認識することが重要になります。

周りの音を聴いて相対的な自分の位置を考えよう
自分の合わせる人によって音色や表現を変えよう

メソッド57 吹奏楽でアドリブをカッコよく演奏する方法

メソッド提供 >> 織田浩司

サックスは吹奏楽の中でもソロを担当することの多い楽器です。ここでは楽譜に書いてある書きソロの吹き方やアドリブに対する考え方を紹介しましょう。

譜面通りに吹かなくていい

　吹奏楽の中でアドリブを取る場合、市販の楽譜にはソロのフレーズが最初から書いてあることが多いと思います。またその演奏の参考音源も多数出ているでしょうから、まずは楽譜と参考音源を照らし合わせて練習してみましょう。

　もしかしたら、楽譜通りに吹くにはいろいろ問題があるかもしれませんが、その場合はどんどん楽譜を変えて演奏してしまいましょう。フラジオ音域が出せないと思ったらその音は1オクターブ下げればよいですし、細かい16分音符が吹けない時は音符を減らして8分音符に変えてみましょう。

　多くの学生さんからは「そんなことしていいんですか？」と聞かれますが、いくら変えても構いません。だってその譜面は「アドリブ」（ad libitum：自由に）ですから、楽譜通りに吹く必要なんてないんです。

　またアドリブ部分にコードが記載されているものもありますから、コードを元にアドリブをとっても構いません。それがわからなくても、いろんな演奏を聴いてみれば"似たような音を使っているところは同じことができるんじゃないか"という新しい発見があるはずです。

　その中から自分がカッコイイと思ったフレーズを真似してみるなど、自由な発想と冒険心を持ち、ニュアンスを大事にして練習してみてください。

楽譜にあるソロを書き変えて自由に演奏しよう
カッコイイと思ったフレーズを真似しよう

メソッド 58

メソッド提供 >> ひび則彦

クラシックからジャズ向きの
アンブシュアに変える方法

吹奏楽などで長く演奏していた人は、クラシックからジャズ向きのアンブシュアに変えるのが難しいかもしれません。ここでは僕自身の経験から吹き方を切り替える方法とその際の注意点を紹介しましょう。

シン・リップでもジャズは演奏できる

　僕は学生の頃にクラシックを学んでいました。そしてその後、ジャズを吹くようになってからはアンブシュアを変えようといろいろ試してきました。しかし、結果的に今も昔と変わらずシン・リップのままでジャズを吹いています。

　クラシックの奏法をしっかり勉強してきた人は、"ジャズとクラシックのアンブシュアは違う"と強く思っているかもしれません。しかし、クラシックを演奏するときとジャズやポップスを演奏するときの一番の違いはアンブシュアではないと思います。その最も大きな違いは、実はサブトーンとハーフ・タンギングを使う割合であるというのが僕の考えです。クラシックでは特殊奏法として認識されているこの二つの奏法を身につけることで、シン・リップでもジャズを演奏することが可能になります。

　では、アンブシュアに全く違いがないのかというとそうではありません。当然ファット・リップならではという音色や表現がジャズで生きるということもあると思います。しかし、クラシックで正しいシン・リップをマスターしてきた人は、安易に奏法を切り替えようとするよりもファット・リップの要素を少しずつ取り入れてシン・リップを生かしていく方がいいでしょう。

　というのも、クラシックからジャズ／ポップスに移行する際には、勉強すべき要素があまりにもたくさんあるのです。そんな中、クラシックでマスターしているところがあるなら、そこを生かした状態で必要なことを少しずつ取り入れていった方が自然に移行できるはずです。

シン・リップをジャズ仕様にする

　シン・リップでも、ジャズを吹くことはできます。しかし、完全なクラシック・スタイルのままでは、やはり難しいのです。ではどうするかというと、シン・リップをジャズ仕様にしていきます。ここでは僕のアンブシュアの作り方を参考に紹介しましょう。

　僕はマウスピースを上の歯にぶつけるようにしてくわえることで、下顎をリラックスさせています。マウスピースを固定する力は唇に８割、上の歯には２割程度かかっている感じでしょうか。唇の中心は柔らかくしているのですが、外側は口角を左右から締めて、口輪筋を硬くして外から支える感じにしています。そして下顎は手前にスライドさせるような形で引きながら、リードに対するプレスは歯を支点に使わず柔らかくした下唇だけで行うようにしています。それによってシン・リップでも噛まない奏法ができるようになります。

シン・リップとファット・リップを合わせる

　唇を突き出すファット・リップというのは歯の支えがありませんから、ブレス・コントロールをかなり繊細にできないとピッチ・コントロールが難しくなります。クラシックや吹奏楽のように唇を巻いて歯を支点にするスタイルで練習してきた人には特に難しいでしょう。そこで僕はファット・リップのようには唇を突き出さず、下唇は歯に被せたまま演奏するようにしています。

　シン・リップであってもジャズのサブトーンを習得していくうちに、力の入れ具合はファット・リップに近くなっていきます。そしてサブトーンのコツは、下唇のリラックスにあります。僕個人は下唇を巻いてはいるのですが、シン・リップとファット・リップの中間を意識して柔らかくした状態で顎を引いてサブトーンを出しています。そうやって、シン・リップであっても歯に被せる唇の量を段階的に少なくしていけば十分にジャズのサウンドを出せます。

　自分の慣れた親しんだ奏法をうまく利用しよう
　シン・リップをジャズ仕様に変えてみよう

メソッド 59

メソッド提供 >> 中村均一

フラジオ音域に慣れる方法

フラジオ音域には特殊な運指がありますが、それを知るだけではなかなか出し方がつかめないものです。特殊な指使いと吹き方の両方を一度に覚えるのは大変ですから、ここでは通常の運指のままフラジオを出すことに慣れる練習法を紹介しましょう。

起こりやすい"事故"を任意に狙う

　高度なフラジオ音域の演奏に必要なのは、フラジオ音域に合った吹き方と複雑な運指の両立です。しかし音域に慣れることが目的の練習であれば、通常の運指を使ってフラジオ音域を出すのがお勧めです。

　最低音B♭の指使いのまま倍音を操作して、フラジオ音域まで吹けるようにする練習ももちろん有効です。しかしそれだと少し難しいので、より簡単な方法を紹介しましょう。左手のパーム・キィを使うような高音域などで任意に"音を上にひっくり返す"ことによってフラジオ音域を出すのです。

　高音域になると音の当たるツボが非常に狭くなるため、アンブシュアや口の中の形のちょっとした違い、少しの変化が音に影響するようになります。極端な話、音が外れて低い音が出てしまったり、上にひっくり返ったりします。そういった起こりやすい事故を任意に狙って利用するわけです。

　例えば「レ」の指使いはハイDキィ＋オクターブ・キィですが、そこにGキィを加えると、上にひっくり返った時に長六度上の音「シ」の音が出やすくなります。そして、それ以降の「レ♯」、「ミ」、「ファ」、「ファ♯」は指を足すことなく長六度上の音を出すことができます。まずは譜例1のように音を裏返らせる練習をしてみましょう。音がうまく裏返らない人は、P52のメソッド21「狙った音域で音を出す方法」を見てください。

譜例1 » 通常の運指でフラジオ音域を出す

フラジオから降りる音型で力まずに吹く

前述の練習で「レ」の音から安定して「シ」に裏返るようになったら、譜例2のように「シ」の音から半音ずつ下がってみましょう。ここでは降りてくるだけですから、力を抜いて楽に吹けるようになると思います。

譜例2 » フラジオ音域の「シ」から降りてくる

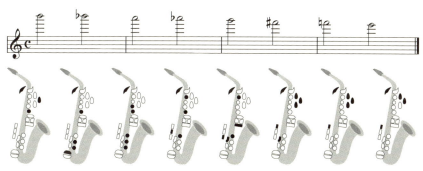

各音の指使い

通常の音階練習のように一つずつ音が上がると"高くなる！"と思って、どんどんアンブシュアを締めてしまったり逆にゆるんでしまってうまくいかないものです。しかし、こうやってうまくひっくり返った上の音から"ここから降りてゆく"と思って吹くことで、力まずに音を出すことができます。こうした練習を重ねることで、フラジオ音域はまったく怖くなくなります。

- フラジオ音域は"事故"を狙って音を当てよう
- 上がった音から降りることで力みを抜こう

メソッド 60

メソッド提供 >> 上野耕平

フラジオ音域で発音の確率を上げる方法

現代のサックスのレパートリーにおいては、フラジオ音域の演奏は欠かすことができません。ここでは、まだ操作の感覚をつかめていない人に役立つ、フラジオの音を出すコツを身につける方法を紹介しましょう。

息の角度をコントロールする

　フラジオ音域の操作には息の角度のコントロールが欠かせません。息の角度のコントロールを身につけるには、倍音の練習が有効です。まずは最低音のB♭から同じ指使いのまま、オーバートーンで下から順番に上がっていく倍音列の練習をするのがいいでしょう。

　最低音を吹くときは息を下向きの角度で入れ、音域が上がるにつれて息の角度も上げていき、高音域ではマウスピースの上側の内壁に沿うように息を入れます。オーバートーンで高音域をしっかり鳴らすことができれば、フラジオ音域でも綺麗な音で演奏することができるようになります。

　またフラジオの演奏にはアンブシュアでのプッシュがある程度必要ですが、口が痛くなるほど噛んでしまうと、耳に痛い音になってしまいますので、注意が必要です。リードとマウスピースの間の開きをアンブシュアで少し狭めながら、細い息で方向性を意識した息を入れるようにしましょう。

不規則な息の向きで感覚をつかむ

　フラジオ音域を吹くときでも、アンブシュアは通常の音域と変えないようにと指導されると思います(図1)。しかし、フラジオの当て感を知るために、頬を膨らませて吹くのも効果的です(図2)。これは頬を膨らませて吹くことで、息の向きを不規則にしつつ、息の圧力を高めることができるからです。

　この練習なら口で噛まなくても音が当たるツボがわかるようになりますから、フラジオの練習で陥りがちな"噛み癖"を身につけないで体に音の鳴らし方を馴染ませていくことができます。

　僕自身もこの方法でフラジオを鳴らしているうちに、いつのまにか通常の口でも鳴らせるようになっていました。またこの方法を使えば、フラジオの鳴りづらいリードで吹くときでも音が当たる確率を上げることができますので、いざという時の武器にもなります。

図1　通常の状態

図2　頬を膨らませた状態

> フラジオ音域の演奏には息の向きと圧力の操作が必要
> 頬をふくらませることで噛まずに当てる感覚が身につく

メソッド 61

メソッド提供 >> 高橋弥歩

フラジオ音域の出し方を体に馴染ませる方法

フラジオを自在に操れるようになりたい。サックスを始めて少し経った頃になると、誰でもそう思うものです。ここではフラジオ音域の鳴らし方を体に馴染ませる方法を紹介します。

ハミングで口の中や喉の状態を確認する

　まずはフラジオで鳴らしたい音、目標となる音をピアノで鳴らしながら、同じ音をなぞるように裏声でハミングしてみましょう。ピアノが無い場合は、1オクターブ下の音をサックスで吹いて音を確認しても構いません。ハミングで歌ったイメージそのままにサックスを吹いてみると、体や喉がその音と共鳴する感覚を知っているため、音の当たるツボを格段に見つけやすくなります。

　また、フラジオは音のツボが狭いのでフラジオ初心者は息を入れすぎないように心がけましょう。ゆっくりと細く長い息で吹いてみてください。音の当たるポイントが分かってきたら息のスピードを徐々につけて豊かに鳴らしてみましょう。息の向きは前方斜め上の方を意識するといいでしょう。

　できればフラジオ音域に挑戦する前に、フロントFキィを使った上第四間の「ファ」や「ファ♯」の音は出せるようにしておきたいです。フロントFキィを使った時の吹き心地のまま、音色が破綻しないように息を入れていくことができるとフラジオ音域まであと一歩です。

　それでも最初から任意の音を当てることができる人はなかなかいませんから、この時に10回に1回でもその音が出ればしめたものです。あとは回数を重ねることでだんだんと感覚が掴めてきます。

　裏声ハミングでフラジオのツボを見つけよう
　フロントFキィの音作りでフラジオへの足がかりを作ろう

メソッド62 効果的なウォームアップをする方法

メソッド提供 >> 上野耕平

> サックスは金管楽器などと比べてウォームアップがあまり必要ないように思うかもしれません。しかし、効果的なウォームアップは奏法の乱れを防いでくれるとともに、短時間で楽器を鳴らすための体の使い方を思い出させてくれます。

マウスピースで音階を吹く

　サックス吹きにとって効果的なウォームアップは、マウスピースだけで音階を吹くことです。マウスピースだけでは抵抗が少ないためコントロールが難しいものですが、楽器に頼れない代わりに自分の体のコントロールに集中することができ、サックスを吹くのに必要な体を重点的にウォームアップすることができます。譜例1（track28）のように練習してみてください。

譜例1　track 28 CD

　低い音はひっくり返って高い音になりやすいと思いますが、そこを低く吹けるようにすることが非常に重要です。音がひっくり返らないようにするコツは、口角の部分の筋肉でマウスピースとリードを内側にしっかり押さえてあげることです。歯でくわえているマウスピースの上下と違って、口角で押さえている横の部分は弱くなりやすいのです。"巾着袋の口"のようなイメージで360度全周囲から均等に寄せることができるとよいでしょう。

楽器の抵抗感に頼らず自分の体でコントロールしよう
マウスピースで低い音も安定して吹けるようにしよう

メソッド63 さまざまな音色を認識する方法

メソッド提供 >> 織田浩司

クラシックもジャズやポップスのサックスもしっかり演奏したい。そんな人はいろんな音色を使い分けられるといいですね。ここでは音色の違いを理解する方法を紹介しましょう。

曲の求める音色が良い音の基準

　クラシックとジャズ／ポップスでは好まれる音色のイメージが違います。ジャズやポップスを演奏すると、音色がザラっとしてしまって綺麗な艶のある音が出せなくなる、と考えている人もいるかもしれません。

　しかし、自分の出せる音色の幅を知った上で基準さえしっかり持っていれば、普段の自分の音色にもすぐに戻ってこられるはずです。"こうでなきゃいけない"と頭を固めず、柔軟な思考で音色の切り替えスイッチを作ってみましょう。

　例えば、クラシックでは音色の開き（リードと息の音が増えて音色がザラつく状態）を抑えて、艶のある丸い音を出すように指導されると思います。しかしジャズやポップスでは音色の開きは悪いことではありません。サブトーンという奏法もあります。綺麗に音色を開いてカッコよくコントロールするんです。

　良い音色というものを一口で説明するのは難しいものです。いろんなジャンルの違いを含めた上で、その曲の求める音色というのが良い音の基準になるじゃないでしょうか。歌手にだっていろんな声の方がいますが、歌い手の声と詞と曲があって世界観が成立するわけです。

　多くの音楽を聴いてその曲の求める音を自分なりに想像する。そしてどうやったらそういう音が出せるか試行錯誤してみましょう。

柔軟な思考で音色の切り替えスイッチを作ろう
多様な音楽を聴いて曲の求める音をイメージしてみよう

メソッド **64**

メソッド提供 >> 中村均一

自分に合った
マウスピースを選ぶ方法

> サックスのマウスピースはたくさんの種類が販売されていますから、自分に合うものを選ぶのが難しいものです。また同じ型番の製品にも一つ一つ個体差があるので注意が必要です。ここでは自分に合ったマウスピースの選び方を紹介しましょう。

道具と自分はお互い様

　マウスピースを選ぶときは、吹きやすさや音色ばかりで選ばないようにしましょう。それらを基準にすると、自分の得意なところが伸びるものを選んでしまいます。しかし音楽表現の上で重要なのは、難しいテクニックをしっかりコントロールできるかどうかです。ですから、ロングトーンを長く維持できる、p（ピアノ）の音量をちゃんと絞れる、スタッカートが綺麗な音でまとまる、というように難しいテクニックを助けてくれる道具選びをオススメします。

　あえて自分の苦手なものと向き合って、自分をサポートしてくれる道具を選ぶということが重要です。

　マウスピースやリード、リガチャー、どんなものを選ぶときでも同じですが、道具と自分はお互い様でどちらにも一長一短があります。自分に足りない部分を補う道具を選びましょう。そう考えると、マウスピース選びは人生の伴侶の選び方と似ているかもしれません。いくらカッコいい、カワイイ人でも、お互いの苦手なことで助け合えなかったら長くは付き合えません。しかし、仮に最初の印象がパッとしない相手でも、お互いに苦手なことをサポートし合える人とは長く付き合えるのではないでしょうか。

自分の苦手なところを補える道具選びをしよう
マウスピースは長く付き合える人生の伴侶と同じ

メソッド65 マウスピースの切り替えをスムーズにする方法

メソッド提供 >> 織田浩司

クラシックからジャズやポップスまで幅広く活躍するサックスですが、明確にジャンルの違いを出すためにはマウスピースを替えることが有効です。ここでは、そういった場合にスムーズに移行する方法を紹介します。

使っているものに近い形のものを選ぶ

　吹奏楽でアルト・サックスを演奏されている多くの方は、楽器に付属しているような標準的なマウスピースを使っていると思います。まずポップス用に一本買おうということだったらメイヤーの5MMなどを紹介することが多いです。ジャズやポップスにおける定番マウスピースですし、形やオープニング・サイズも標準と言えるものなので、スムーズに乗り換えられるはずです。

　しかし、中にはロックやフュージョンで人気のメタル・マウスピースで吹きたいという方もいると思います。そういう場合はメイヤーなどでワンクッション置いてメタルに乗り換えていくのも方法の一つかもしれません。というのも、急に切り替えると、この二つのマウスピースの構造やオープニング・サイズがあまりに違うので、コントロールの仕方が全くわからなくなってしまう事があります。

　マウスピースを切り替えるときは、今使っているものに近い形のものを選び、少しずつサイズや構造を変えていくと、自然とその道具にふさわしい吹き方に慣れてくると思います。できれば楽器店で試奏してみましょう。実際にいろいろと吹いてみると自分の出したい音のイメージも明確になりますし、マウスピースの違いがわかると思います。

マウスピースの切り替えは少しずつ慣らしていこう
楽器店でマウスピースを試奏してイメージを明確にしよう

メソッド66

メソッド提供 >> 中村有里

外形にとらわれない
アンブシュアを作る方法

私はよく、「普段の顔とアンブシュアが変わらないね」と言われます。自分で"表情を変えないように"と意識しているわけではないのですが、普段の奏法の中で気をつけていることがあります。ここではそれを紹介しましょう。

楽器とひとつになる意識を持つ

　まず楽器を吹くときは自分の体と楽器がひとつになるようなイメージを持ちましょう。多くの人はどうしても口で楽器を吹こうとしてしまうのですが、私の感覚では、口は"息が通過するだけの場所"なのです。

　強く固定しようとしてアンブシュアを作ると、実は口の周りには余計な力が入ってしまいます。そうすると、体と楽器をつなぐ通路である口に力が入ることで息がスムーズに通らなくなり、リードの振動や楽器から返ってくる共鳴の振動も唇の締め付けで止めてしまいます。

　ですから、顔や口の周りにはあまり力を入れないでおきます。することは、ただマウスピースを優しくくわえて固定するだけ。そして肺から一本の太い管がそのまま楽器に入っていくようにイメージして、息の圧力で音を出します。

　サックスは、音程や音色に楽器の構造上避けられないばらつきがありますので、舌のポジショニングでそれらをコントロールすることが重要になります。

　それを無理にアンブシュアで行うと、顔の形や力の入れ具合を変えることになってしまうんです。顔の筋肉を使わずに"舌のポジショニング"をコントロールすることで音色や音程の変化を出せるように、練習してみてください。

アンブシュアは強く固定しない
口は"楽器と体をつなぐ息の通路"と意識しよう

メソッド 67

メソッド提供 >> 彦坂眞一郎

アンブシュアの自由度を高める方法

サックスの吹き方には決まった形や理想の形はありません。ただあるのは"その瞬間に求める音"を出すのに適したアンブシュアだけです。吹き方が定まらない、崩れるといった話を聞きますが、理想の形を前提にした考え方自体を考え直すべきです。

アンブシュアに理想の形はない

　アンブシュアは吹き方の選択肢であって、決まった形のあるものではありません。また、たとえ美しい音色を出せる理想的な形を持っていたとしても、それはある瞬間の音量や音色には適しているということでしかありません。均一な音色を保ったまま音量を変化させるためには、音量に合わせて状態を変化させる必要があります。また、音色に変化のない演奏では色彩感に欠けてしまいます。その場合もアンブシュアを変化させる必要があります。

　ですから口を固定してはいけないのです。美しい音だけでなく、迫力のある音、芯のある強い音、狂気を感じさせる音など、音楽に求められる音色を出すためにあらゆる奏法や変化を試みて、全てを受け入れられるようにしましょう。

　またサックスの奏法において、口の中が"広すぎる"または"狭すぎる"と判断する明確な基準はありません。口の中の容積によって音の響き方が大きく変わりますが、適切な広さというのは本人の好みによるものです。まずは自分の可変域を調べるために、マウスピースをくわえた状態で口の形を"イ→オ""オ→イ"と変えて、自分の口の中がどの程度動くかを確認しましょう。この際、顎は決して動かないよう注意しましょう。そして、実際に吹くことで口の中と音色の関係を調べてみてください。

アンブシュアは求める音に応じて変わるもの
口の中の広さは音色変化の一要素でしかない

メソッド 68

メソッド提供 >> 彦坂眞一郎

アンブシュアの タブーを見直す方法

サックスのアンブシュアには、まことしやかに良くないこととして禁止されているものがありますが、実は決まりや制限などはありません。必要以上に自分の奏法を否定したり矯正しなくていいように、タブーを見直せる意識を持ちましょう。

顎のシワ自体に悪影響はない

楽器を吹く際に必要な密閉を作るために使われるのは、口の左右の筋肉をその都度必要なだけ中心に向かってすぼめる力です。上下の運動は顎の付け根でされるものですから、基本的に上下の表面の筋肉は関係ありません。しかし顎の付け根と一緒になって顎の先の筋肉が上へ動いてしまう人がいます。このときにできる隆起が"梅干し"と呼ばれるものです。

この梅干しは演奏に悪影響を与える事があるので、その危険性のために悪者扱いされています。悪影響というのは、上下に噛む顎の力でピッチを支えるのではなく、この梅干し筋肉でピッチを支えるために上に圧迫した場合、音が潰れてしまうことです。つまり、見た目に梅干しが見られても、その筋肉でリードを圧迫していない場合はクリアな音のままなので問題ありません。反対に梅干しを避けるために、顎に力を入れて美しい見た目を作っても、下唇に力が入り硬い潰れた音になってしまうこともあります。

さまざまなアンブシュアにはそれぞれ特有の音色がありますし、ジャズではあえて梅干しを利用した音色を狙う人もいます。つまり自分の求める音色に合ってさえいれば奏法上は何の問題もありません。一般的に言われていることや姿形にとらわれず、音を聴き、自分で試して気に入った奏法を使いましょう。

- 梅干しはダメと決めつけず調べよう
- 姿形にとらわれず気に入った音色を自分の奏法にしよう

メソッド69 ダブル・リップ奏法で力みを取り除く方法

メソッド提供 >> 宮崎隆睦

> 吹き方を柔軟にしようと思っても、それまでの癖で口元や舌が固まってしまい力を抜けない人もいます。そこで僕が生徒によくやってもらうのは"ダブル・リップ奏法"です。これを練習すれば今までについた癖を取り除くことができるでしょう。

今までにやったことのない奏法をやってみる

　口の周りからなかなか力を抜けない人は、"アンブシュアは固定して動かさない方がいい"と考え、噛んだり力んだ状態で練習してきたのかもしれません。そんなとき僕は生徒に「今までにやったことのない吹き方をしてごらん」と言っています。そしてダブル・リップ奏法を試してもらうのです。

　ダブル・リップ奏法とは、上の歯には上唇を被せて、下の歯には下唇を被せた状態で吹く方法。つまりマウスピースをくわえても歯が直接当たらないアンブシュアで吹く奏法です。この方法でくわえると、上下の歯に唇を巻いていることで噛む力を入れられなくなります。つまり脱力せざるを得ないのです。

　しかし、この状態では歯で支点を作れません。楽器が途端に安定しなくなると思いますが、ちゃんと吹くことができるようにいろいろと試してみましょう。上下の歯で噛んでいると痛くて音が出ませんから、マウスピースは上の歯ではなく唇全体で支えてみる。そのほか、リードを柔らかいものにしてみたり、口の横から内側に締め付ける力を調節してみる。どうしても上の歯に負荷がかかって食い込んでしまう人は、いつもよりストラップをちょっとだけ下げてみてもいいかもしれません。この状態で吹いてみると、どうなるでしょうか……。

リード本来の振動に気づく

　実はダブル・リップ奏法で吹いてみると、サックスでは難しい低音域も嫌な抵抗感を感じずに吹けるようになります。これは顎や歯の力で抑えようとしていたマウスピースとリード本来の振動を、この奏法により唇全体で柔らかく受け止めているからなのです。

　慣れてきたら試しにシングル・リップ奏法（上の歯をマウスピースに当てる方法）に戻してみましょう。すると、低音域で詰まったような抵抗感を感じると思います。これはつまり、上の歯をマウスピースに当てた段階で既に上顎に負荷がかかり、それに反応して顎の付け根に力が入ってしまうことで、無意識のうちに噛む（または力む）動作が始まっているということの表れなのです。

　このように、ダブル・リップ奏法で吹くことによって、リードが自由に振動している感触と、シングル・リップ奏法では意識しないうちに力が入っているということに気づくことができると思います。

ダブル・リップ奏法で柔軟性を向上する

　これらの違いに気づくことで、シングルでもダブルと同じような感触で吹けるように調整することが可能です。まずは今まで歯にかかっていた負荷を減らすために、唇全体で支えるようにしてみましょう。負荷を減らすためにリードを柔らかくするのもいいと思います。

　こうしてシングルの奏法をダブルの感触に近づけることで獲得できる口周りの柔軟性というのは、サックスを吹く上で非常に重要です。特に僕のように仕事でサックスを吹いていると、仕事現場によってマウスピースもいろいろ変えますし、楽器もソプラノからバリトンまで持ち替えることがあります。その時に、"あるマウスピースでしか吹けない"というのでは困ることが多いわけです。なんでも使えて、ひとつのマウスピースで多彩な表現ができるようにするためにも、このような柔軟性を持つことがとても重要です。

ダブル・リップ奏法は脱力を学ぶのに最適
顎や歯の負担を減らすことで力みを取り除くことができる

メソッド 70

メソッド提供 >> 彦坂眞一郎

サックスの吹き方を とらえ直す方法

基本的な奏法をしっかり身につけたつもりでも、起伏のない変化にとぼしい演奏になってしまう人がいます。ここで一度サックスの吹き方を見直して、あらゆる表現の可能性を秘めた自分の奏法を探してみてください。

サックスを物理現象としてとらえる

　サックスはリードがマウスピースに対して密閉と開放を繰り返す際の周波数で音を発しています。その動作に必要なのは、リードが密閉と開放を繰り返すための口の両端を中心に寄せる力と、ピッチをキープするための上下の顎の力です。それは欲しい音量や音色に適した力加減であるべきで、マウスピースを常に絞るとか、噛む、噛まない、といった次元の話ではないのです。

　また、タンギングの際の舌の動き方は"上下"ではなく"前後"であるべきです。そして、僕が勧めているのは「ヨ」の舌の動かし方でタンギングすることです。「ヨ」という言葉は舌が「イ」から「オ」へ移動する際に発音しますが、その舌の動かし方がタンギングにちょうどいいのです。また、「トゥ」のタンギング時と比べて舌が不必要に前へ出過ぎず、中央がくぼむような形になり、それによって響きが得られ、音がまとまることもメリットとして挙げられます。

　僕はリードに対する触り方ではこれを基本としていますが、演奏においては舌の可変幅やリードを触る部分を制限していません。また、目的によっては舌を上下に動かす奏法も使います。それは自分のできる音の出し方はすべてが奏法になりえるからです。自分で動かせるものすべての物理的な向きと強さを知って、あらゆる組み合わせの可能性を広げることが重要です。

自分の欲しい音に適した力加減を探そう
自分の出せる音はすべてが奏法になりえる

メソッド 71

メソッド提供 >> 彦坂眞一郎

ハーフ・タンギングを基本奏法に取り入れる方法

ハーフ・タンギングを特殊奏法ととらえている人が多いようですが、クラシックの演奏においてもハーフ・タンギングは必須の奏法です。ここでは、ハーフ・タンギングを基本の奏法に取り入れる方法を紹介しましょう。

タンギングの基本はハーフ・タンギング

　タンギングの基本としては、舌でリードを触って振動を止めれば当然音も出なくなります。しかし、実際には舌でリードを触っただけで音は止まりません。息も止めるので音が止まっているのです。息を止めなければ音は鳴り続けます。

　ハーフ・タンギングとは、そうやって舌をリードに触れたまま音を出す奏法のことです。クラシックではその状態を表現として使うことはほとんどありません。ではなぜそれが重要なのか、それをここで理解しておきましょう。

　タンギングで発音するとき、舌がする事はリードから離れるということです。"舌が離れたから音が鳴る"という程度の理解では先へ進めません。"離れるやいなや"音が鳴らなくてはならないのです。そのために、まだ舌が触れている状態でリードを振動させる必要があります。その状態がハーフ・タンギングです。これはクリアな発音や、繊細なアーティキュレーションのために必須のことなのですが、とても難しいのできちんと理解されていないのが現状です。

　この奏法を難しくしている要因は、"息を入れる、舌で振動を止める"という、相反する作業を伴う操作です。それは、"舌で触ってるけど、自分は息を出す人だ"。反対に、"息を出してるけど、自分は舌でリードに触れる人だ"と意識を片方の作業に集中して練習することで、スムーズに両立できるようになります。

ハーフ・タンギングは発音のための基本的な奏法
相反する意識を両立するために片方ずつ集中しよう

メソッド 72

メソッド提供 >> 中村均一

ソプラノ・サックスへの
持ち替えをスムーズにする方法

ソプラノ・サックスは、他のサックスから比べるとコントロールが繊細で難しい楽器ですから、誰もが苦労するところです。ここではソプラノ・サックスに持ち替える時のコツを紹介しましょう。

持ち替えで吹き方を変えない

　アルトまたはテナー・サックスをメインに演奏している人がソプラノ・サックスに持ち替える時のコツは、メイン楽器の吹き方と持ち替えの時で息の入れ方やアンブシュアをあまり変えないようにすることです。そもそもソプラノ・サックスは正確に音程を取るのが難しく、また高音域や低音域を出すのも難しい楽器です。無理に吹き方を変えて神経質にならないよう、普段のメイン楽器とあまり差がない状態で吹けるようにしておく方がいいと思います。

　そのためにはセッティングで吹き心地を調節するとよいでしょう。サックスのマウスピースのサイズは楽器の大きさに比例して変わりますから、ソプラノからアルト、テナー、バリトンと楽器が大きくなるごとにマウスピースも大きくなります。

　例えばメイン楽器がアルトだったとします。そのマウスピースのサイズに合わせて作った息の入れ方でソプラノを吹こうと思ったら、マウスピースが小さい分だけ息が入りきらなくなってしまいます。そのため、僕はアルトを吹くときでもテナーを吹くときでも、一番小さいソプラノと同じくらいの息のサイズで鳴らすように意識しています。

　もちろんマウスピースの横幅や全体の大きさ、中の容積は大きく変わりますから、同じように吹いているつもりでも実際はアンブシュアも少し変わると思います。しかし本人のイメージとしては、息の入れ方、アンブシュア、リードの鳴らし方は変わらない、という状態です。

指使いの練習は負担の少ない楽器で行う

　前述のように、僕は吹き方の基準をソプラノで作っています。自分のメインの楽器に合わせてセッティングを調整してもいいと思いますが、僕のようにソプラノを中心にしてみるのもいいと思います。ソプラノはコントロールがシビアなので、普段からソプラノを基準にしてセッティングやコントロールを作っておくと、他の楽器でもよりうまくいくと思います。

　しかしソプラノは唇への負担も大きい楽器です。そのため僕は普段、ソプラノの練習時間をあまりとりません。そして、ソプラノの譜面をアルトで練習しています。とは言っても、移調して実音をとって吹くのではなく、記譜通りの指使いに慣れるためにアルトで練習しているのです。

　実際に出る音は調が変わってしまいますが、普段からソプラノを吹くつもりのアンブシュア、息の入れ方で吹いていれば、指使いの確認でアルトに持ち替えて譜面を練習していてもさほど大きな問題はありません。そして、実際に人と合わせる時にソプラノを吹いてピッチや音色を擦り合わせていきます。

ソプラノの音程は倍音に合わせる

　ソプラノはピッチを正しく取るのが難しい楽器ですが、チューナーなどの平均律で正確なピッチを取る技術を身につける以外に、音楽的な合わせ方を身につける必要があります。特にサックスや他の管楽器同士で行うアンサンブルでは、ハーモニーを作る基準が純正律です。そしてソプラノはそのハーモニーの上に乗る音ですから、平均律のチューナーで音程を取らない方がいいのです。

　そこでソプラノの音程をどこで取るかというと、バリトンやテナー／アルトなどの他の楽器の音で積み上がったハーモニーの上に響く倍音です。綺麗なハーモニーからは倍音が豊かに鳴っていますから、それを聴きながら、そこに混ざるようにピッチを取って吹くといい結果になります。

持ち替え楽器は同じ吹き方で使えるセッティングにしよう
普段からソプラノのコントロールを意識して練習しよう

メソッド 73

メソッド提供 >> 田中靖人

バリトン・サックスへの持ち替えをスムーズにする方法

サックス・アンサンブルなどで演奏する場合は、本来の担当楽器ではないものへの持ち替えもあることでしょう。ここではバリトン・サックスへの持ち替えをスムーズにする方法を紹介します。

楽器のイメージを切り替える

　普段アルト・サックスを吹いている人がテナーやバリトン・サックスに持ち替える場合は、肺活量や息の圧力がいつも以上に必要になってきます。アルトだったら瞬発力だけで乗り切れることも多いのですが、バリトンはアルトに比べてかなり管体が太く、さらに長いですから、相当な圧力で瞬時に楽器の奥まで息を送らなければいけません。

　ですから、バリトン・サックスにスムーズに持ち替えるために大事なことは、まず息の支えをしっかりイメージするということです。

セッティングで持ち替えの差異を少なくする

　イメージが重要であることは間違いありませんが、持ち替えのギャップに関してはセッティングで改善できる場合もあります。僕の場合はソプラノからバリトンまで1ステージで持ち替えることがあるので、それぞれのマウスピースをメインのアルトのサイズに寄せるようにしています。

　特にバリトンは他のサックスから少しかけ離れた性質を持っていることもあって、あまりにヘビーなセッティングにしてしまうと、アルトからの持ち替えにギャップを感じてしまいます。

　ですから、持ち替えをよりスムーズにするために、バリトン・サックスの中でもコンパクトなセッティングをあえて選んでいます。バリトンをメインにするのであれば話は別ですが、持ち替えであればあまりに開きの大きいマウスピースやヘビーなセッティングは避けた方がいいでしょう。

バリトン・サックスらしい深みのある音を出す

　バリトンで芯があって深みのある音を出したいという相談をよく受けます。奏法に関してはこの前のページでアドバイスした通り息使いによる変化で改善しますので、ここではセッティングに関してお話ししましょう。リードは低音域の出しやすいものということではなく、高音域から低音域までしっかりとした音で、弾力のある吹き心地で吹けるものを選ぶのがいいと思います。息が必要になってつらいからといって、低音域だけ吹きやすいものを選んでしまうと、結果的に音が開き気味で芯のないオープンな音になってしまいます。

　もちろん弾力のあるリードにすればある程度の息の量が必要になりますし、抵抗感も感じると思います。しかし、そこで楽器に向かってしっかり息を入れるということこそが良いトレーニングです。たとえ指定がp（ピアノ）であっても息の深さは必要になりますから、強く吹くということではなく、息を深くまで入れるということをしっかりイメージして練習してください。

バリトンでもアルトと同じ練習をする

　バリトンだからといって低音域や楽譜にあるところだけを練習するのではなく、アルトと同様に楽器全体をしっかりとコントロールできるように練習することが、バリトン自体の音の深みや伸びを引き出すことになります。それはつまり、普段アルトでできることをバリトンでも同じようにできるまで練習してみるということです。最初にお話ししたことと違うことを言っているように感じるかもしれませんが、これは全く同じことを意味しています。

　まずバリトンという楽器を鳴らすためには、アルトやテナーとは全く違う楽器としてバリトンに合った息と圧力を入れるべきです。しかし、バリトンに見合う息の圧力やコントロールに慣れたら、今度はアルトの機動性に近いコントロールをバリトンで再現するのです。それぐらいバリトンを自在に扱えるようになれば、深みも芯も柔らかさも十分な表現力が身につくはずです。

　イメージを完全に切り替えて楽器に合った息を入れよう
　バリトンでもアルトと同じコントロールを身につけよう

メソッド 74

メソッド提供 ≫ 雲井雅人

サックスの操作範囲を広げる方法

サックスの奏法には、"これが絶対正しい"というものはありません。それぞれの奏者が自分なりに工夫をしながら演奏をしているのです。ここでは、自分でサックスの操作範囲を広げる、開拓していく方法を紹介しましょう。

リップスラーのように

　サックスの操作範囲、中でも指使いに依存しない操作範囲を広げるために僕が生徒に実践させているのは、フロントFキィを使った指使いによる強制倍音の練習です。フロントFの指使いのままで音を変えるこの練習は難易度が高いので、できる人はほとんどいないかもしれません。しかし、この練習は舌の位置や息圧のかかり具合など、さまざまな要素で音が変わるということを理解するのに役立ちます。

　なお、このメソッドで紹介するものは全て、譜面にある最初の音と同じ指使いのまま金管楽器のリップスラーのように練習してください。まずは譜例1、譜例2（track 29）を見てみましょう。

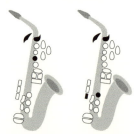

譜例1、3の指使い　　譜例2の指使い

譜例1

譜例2　track 29 CD

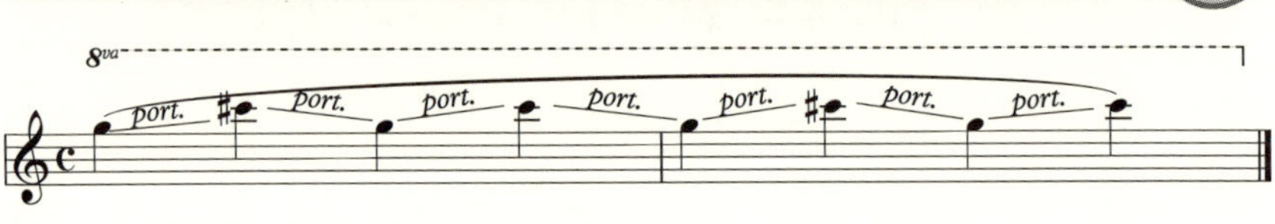

遊びでチャレンジ

　おまけとして最上級の練習、譜例３も紹介しておきましょう。これは僕の生徒でもできる者がいないので、今の所僕しかできません。上級も最上級です。しかし、遊びでもチャレンジしてみる価値はあると思いますよ。実際、僕もサックスでどんな音が出せるか遊んでいて発見した方法です。

譜例3

　少し詳しくコツを説明しておきましょう。まず譜例３もフロントFキィの指使いのみで演奏します。高い音に上がる時は、舌の奥の部分が隆起して口腔内の気道を狭くすることで高い気圧を発生させ、それにより高い音を出せるようになります。口腔内の気道も狭くなりますから、マウスピースに入れる息も細い息になっています。

　反対に通常の指使いよりも低い音に下がる時は、口と腹圧の連携で音を引き下げるような感じです。トランペットのハーフバルブ奏法（ピストンを半押しした不安定な状態を利用した奏法）にも似ているかもしれません。

　しかし最大のコツは"今までやっていなかった方法を怖がらずにやってみる"ということです。一度やってみたら、"こんなことして良かったんだ"と後になって気づくコントロール方法もたくさんあるものです。

　そういったことを、ゲームのように面白がって試すことができると良いのですが、上手くなる方法や正しい方法ばかりを探してしまうと、結果的に柔軟性のない奏法になってしまいます。皆さんも、サックスの操作方法を楽しみながら探してみてください。

> サックスの奏法に正解はない
> 遊びのようにいろんな方法を試して表現の幅を広げよう

『本当に役立つ！サックス練習法74』
11人の指導者が実践する最強のトレーニング

2016年 2月24日　第1版1刷発行
2021年11月10日　第1版5刷発行
ISBN978-4-8456-2766-0

著●上野耕平・織田浩司・雲井雅人・高橋弥歩・田中靖人・中村均一・中村有里・
彦坂眞一郎・ひび則彦・福井健太・宮崎隆睦(五十音順)

発行所●株式会社リットーミュージック
〒101-0051　東京都千代田区神田神保町一丁目105番地
https://www.rittor-music.co.jp/

[乱丁・落丁などのお問い合わせ]
TEL:03-6837-5017／FAX:03-6837-5023
service@rittor-music.co.jp
受付時間／10:00-12:00、13:00-17:30(土日、祝祭日、年末年始の休業日を除く)

[書店様・販売会社様からのご注文受付]
リットーミュージック受注センター
TEL:048-424-2293／FAX:048-424-2299

[本書の内容に関するお問い合わせ]
info@rittor-music.co.jp
本書の内容に関するご質問は、Eメールのみでお受けしております。お送りいただく
メールの件名に「本当に役立つ！サックス練習法74」と記載してお送りください。ご
質問の内容によりましては、しばらく時間をいただくことがございます。なお、電話
やFAX、郵便でのご質問、本書記載内容の範囲を超えるご質問につきましてはお答
えできませんので、あらかじめご了承ください。

発行人●松本大輔
編集人●野口広之
編集長●小早川実穂子
編集●柴 智和
デザイン／レイアウト／DTPオペレート●石垣慶一郎(有限会社エルグ)
譜面浄書●本藤美咲／リディア
図版作成●arata

付属CD演奏●高橋弥歩
付属CDレコーディング／マスタリング・エンジニア●法西隆宏
付属CD収録●OnBrace Recording Studio (http://onbrace.com/studio/)
CDプレス●株式会社JVCケンウッド・クリエイティブメディア

印刷／製本●中央精版印刷株式会社

© 2016 RITTOR MUSIC
FEBRUARY 2016
PRINTED IN JAPAN
※ 本誌記事・図版などの無断転載、複製は固くお断りします。
※ 乱丁・落丁本はお取り替えいたします。

定価1,980円(本体1,800円+税 10%)

本書の無断複写は著作権法上での例外を除き禁じられています。複写される場合は、そのつど
事前に、(社)出版者著作権管理機構(電話 03-3513-6969、FAX 03-3513-6979、e-mail: info@
jcopy.or.jp)の許諾を得てください。

JCOPY　<(社)出版者著作権管理機構 委託出版物>